COLLECTION DE LAJARRIETTE

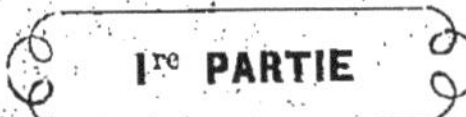

Ire PARTIE

ESTAMPES

DES XVe AU XVIIIe SIÈCLE

MODERNES ET LITHOGRAPHIES

LIVRES A FIGURES

PORTRAITS

DESSINS

VENTE

Du 4 au 9 Mars 1861

Me **DELBERGUE-CORMONT,** | **M. VIGNÈRES,**
Commissaire-Priseur. | Marchand d'Estampes.

PARIS — 1861

CATALOGUE
D'ESTAMPES

DES ÉCOLES

Italienne, Allemande, Flamande, Française & Anglaise

DES XVᵉ AU XVIIIᵉ SIÈCLE

ÉCOLES MODERNES ET LITHOGRAPHIES

LIVRES A FIGURES

PORTRAITS

DESSINS ANCIENS & MODERNES

FORMANT LA **1ʳᵉ PARTIE** DU CABINET

De Feu M. DE LAJARRIETTE

ANCIEN RECEVEUR DES FINANCES A NANTES

dont la vente aura lieu

HOTEL DES COMMISSAIRES-PRISEURS

Rue Drouot, nº 5

SALLE Nº 3, AU 1ᵉʳ

Du Lundi 4 au Samedi 9 Mars 1861

A 1 HEURE PRÉCISE

Par le ministère de Mᵉ **DELBERGUE-CORMONT**, Commissaire-Priseur,
rue de Provence, 8,

Assisté de **M. VIGNÈRES**, marchand d'Estampes,
rue de la Monnaie, 13, à l'entresol, entrée rue Baillet, 1,
Chez lequel se distribue le présent Catalogue.

EXPOSITION PUBLIQUE

Le Dimanche 3 Mars 1861, de une heure à quatre heures.

—o—◇—o—

PARIS — 1861

ORDRE DES VACATIONS

L'ordre du catalogue sera suivi.

PREMIÈRE VACATION. — *Lundi 4 Mars.*

Estampes anciennes : Écoles italienne,
allemande........................ 1 à 229

DEUXIÈME VACATION. — *Mardi 5 Mars.*

Allemande, flamande................ 230 à 457

TROISIÈME VACATION. — *Mercredi 6 Mars.*

Flamande, française................ 458 à 682

QUATRIÈME VACATION. — *Jeudi 7 Mars.*

Française, XVIIIᵉ siècle, anglaise....... 683 à 902

CINQUIÈME VACATION. — *Vendredi 8 Mars.*

Anglaise, modernes, livres, portraits.. 903 à 1122

SIXIÈME VACATION. — *Samedi 9 Mars.*

Portraits et dessins................ 1123 à 1346

On commencera à une heure précise.

CONDITIONS DE LA VENTE

La vente sera faite au comptant.

CINQ POUR CENT en plus des enchères, applicables aux frais.

M. VIGNÈRES, faisant la Vente, se charge des Commissions.

NOTA. Toute commission sans prix fixé ou sans limite déterminée sera regardée comme nulle.

M. VIGNÈRES se charge de faire marquer les prix aux Catalogues des ventes qu'il a faites : les amateurs qui le désirent peuvent s'adresser à lui *franco.*

Plusieurs amateurs éloignés en ont reconnu l'utilité pour les guider dans leurs achats sur les valeurs des Estampes.

M. DE LA JARRIETTE, trésorier de la ville et receveur des
finances à Nantes pendant nombre d'années, d'une nature
très-laborieuse malgré les immenses travaux de ses emplois,
trouvait encore quelques moments à donner à son goût pas-
sionné pour les collections.

Nous avons vu sa vente d'Autographes la plus importante
et la plus belle jusqu'à ce jour, sa collection d'Estampes
marchait de front, la partie historique de la Bretagne, l'Histoire de France depuis l'origine de la monarchie, la partie
théâtrale, la série des ESTAMPES DE MAITRES, quoique moins
nombreuse et moins avancée, mais toujours aussi bien choi-
sie; car depuis 1828 que nous l'avons connu, lorsque nous
étions chez Pieri-Benard, il refusait toute pièce dont la
beauté et conservation ne lui semblait pas satisfaisante.

Plus tard, nous fûmes en relation directe avec lui, et nous
pouvons dire avec orgueil avoir coopérer de toutes nos forces
à l'agrandissement et à l'embellissement de cette collection.

Cette première partie, dont nous donnons aujourd'hui le catalogue, contient les Estampes d'art : c'est l'histoire et les progrès de l'art de la gravure dans les écoles du xve siècle; à nos jours, il ne cherchait pas à compléter l'œuvre d'un maître, mais il prenait plusieurs beaux échantillons.

L'origine de sa collection date d'une visite que lui fit M. de Boissieu et de l'offre qu'il lui fit d'une épreuve de son portrait en 1er état. Nous n'avons pu laisser dans l'ordre chronologique qu'il avait adopté, nous avons suivi l'habitude de l'ordre alphabétique, plus facile pour une vente, mais en conservant la classification par écoles; nous avons réuni les portraits et les dessins pour l'agrément des amateurs.

La seconde partie contiendra toute la série historique qui est considérable. La rédaction du catalogue demandant beaucoup de temps et de soins, nous nous recommandons à la patience des amateurs. L'époque de la vente en sera annoncée ultérieurement.

V.

DÉSIGNATION
DES ESTAMPES

ESTAMPES ANCIENNES

ÉCOLE ITALIENNE

1 **Albert** (Chérubin). Adam et Ève assujettis au travail, d'ap. Polydore de Caravage. B. 3.

2 — Sainte Madeleine enlevée au ciel par les anges. B. 63. Dans sa première manière.

3 **Andrea** (Zoan). La Danse des quatre femmes, d'ap. Mantegne et dans sa manière. B. 18.

4 **Andreani** (André). Hercule de profil étouffant le lion de Némée, d'ap. Raphaël. B. XII, p. 119, n. 17. Clair-obscur de 2 planches.

5 — Des Nymphes au bain, d'ap. Parmesan, p. 122. n. 22. Clair-obscur de 3 pl.

6 — Circé buvant en présence des compagnons d'Ulysse. Clair-obscur de 2 pl., p. 111, n. 8. 1er état.

7 **Antoine de Trente.** Le Martyre de saint Pierre et saint Paul, d'ap. Parmesan. Clair-obscur de 3 pl. B. XII, p. 79, n. 28.

8 — La Sibylle Tiburtine et Auguste, d'ap. le Parmesan. Clair-obscur de 2 pl., p. 90, n. 7.

9 **Aquila**. Statue de Pâris. — Sainte Famille : repos en
Egypte, d'ap. Corrége. Avant l'adresse de Rubeis.
2 pièces.

10 **Baldini** (Baccio), graveur florentin de 1460 à 1480.
L'Enfer d'Organa, au Campo Santo, à Pise.

11 **Barbary** (Jacques de), dit le Maître au caducée. Le
Triton et la Sirène. B. 24. Très-rare. Coll. P. Vischer.

12 **Baroche** (Frédéric). L'Annonciation. B. 1. — La
Visitation, d'ap. lui. 2 p.

13 **Bartolozzi** (F.). Ugolin et sa famille. Avant toute
lettre.

14 — Sainte Famille, d'ap. Bened. Luti. Avant la lettre.

15 — La Vierge donnant le sein à Jésus, d'ap. Van Dyck.
Avant la lettre, marge.

16 — Angélique et Médor. — Andromède, et autres. 4 p.

17 — Laurette. — La Bergère des Alpes. 2 p. en rond,
d'ap. Loutherbourg. Marge.

18 — Lodona, d'ap. M. Cosvay. En couleur.

19 **Beatrizet** (N.). Sainte Famille : Jésus va embrasser
saint Jean. Rare ép. avant *Romae Anto. Lafrery*. B. 21.

20 — La Chute de Phaéton, d'ap. Michel-Ange. B. 38.

21 **Beccafumi** (d'ap.). Monogramme H. F. E. Le Parnasse profané. B. XV, p. 463, n. 4.

22 **Bonasone** (Jules). Noé sortant de l'arche, d'ap.
Raphaël. B. 4.

23 — Scipion blessé dans le combat contre Annibal, d'ap.
Polydore. B. 81.

24 — Les Troyens introduisant le cheval de bois, d'ap.
Primatice. B. 85. Grande pièce en deux morceaux
joints.

25 — Le Lever du soleil. B. 99. Très-rare. Avant l'a-
dresse.

26 — Des hommes et des femmes se baignent ensemble
dans une grande cuve. B. 177.

27 **Bresse** (Jean-Antoine de). Hercule étouffant Anthée, d'ap. Mantegne. B. 13.

28 **Capitelli** (B). Un trait de la vie de saint Bernard de Sienne, d'ap. Ventura Salembeni.

29 **Caraglio** (Jacques). Hercule tuant Nessus. — Hercule et Jolaüs tuant l'hydre de Lerne. 2 p. d'ap. maître Roux. B. 45-46.

30 — Les Amours de Mars et Vénus, d'ap. maître Roux. B. 51. Contre-partie.

31 — Le Carnage. B. 55.

32 **Carpioni** (Jules). La Vierge prenant l'Enfant Jésus du berceau. B. 8.

33 — Saint Jérôme faisant pénitence. B. 12.

34 **Carrache** (Annibal). Son portrait, par Bartolozzi, d'ap. lui-même. Bistre.

35 — Suzanne et les vieillards. B. 1. Avant le nom de Carrache, *P. Mariette*, 1668. Rare.

36 — Le Couronnement d'épines. B. 3. Avant l'adresse de Nicolas Van Aelst.

37 — Saint Jérôme. B. 14. Avec le nom.

38 — La Madeleine pénitente. B. 16. Avant les lettres P. S. F. en bas.

39 **Carrache** (Augustin). Saint Jérôme, d'ap. Tintoret. B. 76. C'est une des principales pièces de l'œuvre.

40 — Satyre regardant une femme endormie. B. 112. Cab. R. Dumesnil.

41 — Le Vieillard et la Courtisane. B. 114. Très-rare. — Petite copie contre-partie, demi-grandeur. 2 p. Cab R. Dumesnil.

42 — Mars renvoyé par Minerve, qui l'empêche de nuire à la Paix et à l'Abondance. B. 118.

43 — L'Amour réciproque. B. 119.

44 — Scène de théâtre. B. 121. Remargée.

45 — Orphée retirant Euridice des enfers. B. 123.

46 — Suzanne surprise par les vieillards. B. 124.

47 — Andromède. B. **125**. Magnifique épreuve sans marge.

48 — Andromède attachée par les deux mains. B. **125**. — Andromède attachée de la main gauche. B. **126**. 2 p.

49 — Loth et ses filles. B. **127**.

50 — Satyre surprenant une Nymphe endormie. B. **128**.

51 — Vénus, accompagnée de l'Amour, portée sur la mer par des dauphins. B. **129**.

52 — Les Grâces se tenant en groupe. B. **130**.

53 — Satyre considérant une Nymphe endormie. B. **131**.

54 — Nymphe se faisant couper les ongles. B. **132**.

55 — Satyre fouettant une Nymphe attachée à un arbre. B. **133**.

56 — Vénus châtiant l'Amour. B. **135**.

Cette suite, à laquelle ne manque qu'une pièce, le 134, est rare à trouver réunie.

57 **Carrache** (d'ap. Louis). La Vierge de l'an 1592. Copie très-belle et très-trompeuse. B. **1**.

58 **Castiglione** (Benedetto). L'Invention des corps de saint Pierre et saint Paul. B. **14**.

59 — Le Bagage au milieu du troupeau. B. **29**.

60 — Troupeau en marche venant de la droite vers la gauche, tournant un monticule pour revenir vers la droite du fond ; un jeune garçon menace un chien qui est en avant d'un âne qui ferme la marche près de deux grands arbres à droite. Très-belle pièce *non décrite*. Larg. 416 millim., haut. 278, non compris une marge blanche de 5 à 6 millim. tout autour.

61 **Cipriani** (d'ap.). Buste de jeune femme, rond. Sanguine, avant la lettre. Marge.

62 **Cunego** (D.). Hébé, d'ap. Hamilton. — Caput incognitum, d'ap. Guide. 2 p. Marge.

63 **Dado**, dit le Maître au dé. Hercule chassant l'Envie du temple des Muses. B. **17**. *Phls Thomassinus.*

64 — Cybèle sur son char, d'ap. Jules Romain. B. 18. Ant. Lafreri au bas, à droite. Bartsch ne le mentionne pas. La marge et les vers manquent. L'épreuve est magnifique.

65 — Apollon tuant le serpent Python. B. 19.

66 — Les Fleuves consolent Pennée de la perte de sa fille. B. 22. 1re ép. avec le n. 4, avant la retouche.

67 — Bacchus entouré d'Amours. B. 23. *Ant. Sal. ex.*

68 — Combat naval, d'ap. J. Romain. B. 78.

69 — Panneau d'ornements, d'ap. Raphaël, 1532; au milieu l'Amour tenant une girouette; en haut, dans une conque, Jupiter et Antiope. B. 81.

70 **Davent** (Léon). Sainte Madeleine portée au ciel par des anges, d'ap. le Primatice. B. 4. De l'école de Fontainebleau.

71 **Della Bella** (Stefano). Inspiré par le Génie. — Se sauve d'une sédition à Paris. 2 vignettes pour le catalogue de son œuvre, d'ap. Cochin, par Prevost. 1er état avant la planche coupée. — Le premier sujet coupé. 3 p.

72 — Le petit Canon. — Combats maritimes, et autres. 6 p.

73 — Asiatique à cheval. —La grande Mort sur le champ de bataille. 2 p.

74 — Bataille des Amalécites.

75 — Le Florentin à la chasse.

76 — Le Reposoir. 1er état avant l'adresse. Pièce capitale du maître.

77 **Diamantini** (J.). Sainte Famille. B. 4.

78 — Hercule filant auprès d'Omphale. B. 19.

79 **Fialetti** (Odoardo). Les Yeux de l'Amour. — Vénus faisant des reproches à l'Amour. — Vénus et l'Amour dormant, etc. 5 p. par et d'après.

80 — Les Noces de Cana, d'ap. Tintoret. B. 2.

81 **Franco** (J.-B.). Les Israélites ramassant la manne dans le désert. B. 4. 1er état, très-rare avec le groupe à gauche et l'aiguière renversée.

82 — Melchisedech offrant du pain et du vin à Abraham. B. 5. 1er état, avant le nom de Franco glomisé.

83 **G. K.** (monogramme). Quatre femmes nues au bain, une à gauche mouille sa chevelure ; au fond, à droite, un Satyre soulève la draperie. Très-belle pièce d'ap. Lucas Penni.

84 **Ghisi** (J.-B.). Les Troyens repoussant les Grecs jusque dans leurs vaisseaux. B. 20. D'ap. J. Romain. 1er état dit *aux bonnets blancs*. C'est la plus considérable et la plus belle du maître. Cab. Denon. Glomisée.

85 **Ghisi** (Adam). Hercule attentif aux propositions de la Vertu et de la Volupté, d'ap. J. Romain. B. 26. Remargée.

86 — La Femme qui se peigne. B. 101.

87 **Ghisi** (Diana). Jésus renvoyant la femme adultère. B. 4. Avec la date 1575. 1er état, avant l'adresse de 1613. Cabinet Denon. Collée.

88 — Aspasie discourant à table avec Socrate, d'ap. J. Romain. B. 32.

89 — Continence de Scipion l'Africain. B. 33.

90 **Ghisi** (Georges). Le Père éternel soutenant le corps de Jésus-Christ. B. 14. Avec la dédicace en bas sur une planche ajoutée. Rare.

91 — Caïus Marius, à Minturnes, en impose aux soldats qui viennent pour le tuer. B. 26. Collée.

92 — Vénus assise sur un lit près de Vulcain, d'ap. Perrin del Vaga. B. 35. Collée.

93 — Vénus blessée par les épines d'un rosier. B. 40. *In Roma presso Carlo Losi*. Remargée.

94 — Hercule victorieux de l'hydre de Lerne. B. 44.

95 — Un Cimetière où les squelettes reprennent chair pour le jugement dernier. B. 69. 1er état, avant *Ant. Lafrerii*. Remarque inconnue à Bartsch doublée.

96 **Giardoni** (A.). Moïse. Statue de Michel-Ange.

97 **Goya**. Fantaisies. 5 p. anciennes ép. bistrées.

98 **Guerchin** (F. Barbieri, dit le). Saint Antoine de Padoue. B. 1. Il n'existe que 2 p. reconnues de ce maître. Cab. Denon. Marge.

99 **Guido Reni**. La Vierge avec l'Enfant Jésus. B. 1. C'est une des plus belles productions du maître.

100 — Sainte Famille. Seconde planche. B. 10.

101 — Jésus caressant saint Jean-Baptiste. B. 13.

102 — La Fille portant un crucifix, d'ap. Parmesan. B. 49 1er état avant *Parmegiano F.*

103 — Sainte Famille et sainte Claire, d'ap. Annibal Carrache, dont le nom est gravé au bas à gauche. B. 50.

104 **Londonio**. Scènes d'animaux et bergers. 4 p.

105 **Mantegne** (André). Hercule étouffant Anthée. B. 16. Marge.

106 — Bacchanale au Silène. B. 20. Pièce importante du maître.

107 **Maratte** (Carle). La Vierge découvrant Jésus aux regards de la Madeleine. B. 6. Avant l'adresse de Billy.

108 — Martyre de saint André. B. 11. 1er état, rare avec *Cum priuil. Regis* seulement et avant que la marge blanche soit réduite à six lignes ; elle porte 32 millim. Magnifique ép. avant les reprises, au fond, contre les mains du bourreau qui frappe. Remarques inconnues à Bartsch.

109 — Le même état, décrit par Bartsch.

110 **Mattioli** (Louis). Saint Antoine de Padoue debout. B. 23. La marge d'en bas manque.

111 — Le Respect, ou Alphonse d'Avalos, d'ap. Titien. Pièce non décrite. Magnifique ép.

112 **Mazzuoli** (F.), dit le Parmesan. La Sépulture de Jésus-Christ. B. 5. C'est une des plus considérables de l'œuvre.

113 **Montagna** (B.). L'Homme assis près d'un palmier. B. 28. Avant l'adresse de Guidotti.

114 **Palma** (J.), le Jeune. Etude : Saint Jérôme s'entretenant avec le pape Damase. B. 16.

115 **Palmieri**. Homme jouant de la guitare devant des figures orientales pendant que l'on trait une chèvre.

116 **Piccioni** (M.). Bas-reliefs de Rome. 20 p.

117 **Piroli**. Dévouement de Régulus, d'ap. Ger. Drouais, 1787. Eau-forte.

118 **Pozzi** (F.). La Nuit, femme et deux enfants dormant sous une voûte ruinée, d'après Guerchin.

119 **Raimondi** (Marc-Antoine). La Vierge pleurant le corps mort de Jésus-Christ, d'ap. Raphaël. B. 35. Des cabinets Denon et Debois.

120 — Saint Paul prêchant à Athènes. B. 44. D'ap. Raphaël.

121 — Alexandre faisant serrer les livres d'Homère, d'ap. Raphaël. B. 207. C'est une des plus parfaites du maître. Grande marge.

122 — Silène soutenu par deux Satyres et monté sur un âne qui brait, d'après un bas-relief antique.

123 — Apollon gardant le troupeau d'Admète. B. 225.

124 — Une Néréide portée par un Triton. B. 228. 1er état, avant *Ant. Sal.*

125 — Une Muse. B. 272. Elle porte une guirlande. Cabinets Denon et Debois.

126 — Jeune Femme portant une lampe. B. 274. Cabinets Denon et Debois.

127 — Le jeune et le vieux Bacchant. B. 294. D'ap. Raphaël.

128 — Le Faune et le Tigre. B. 307.

129 — Vénus, l'Amour et Pallas. B. 310. Fragment du Jugement de Pâris, gravé par un de ses élèves. Cab. Hisbert de Londres, et Donnadieu.

130 **Ecole de Marc-Antoine.** Scipion et Annibal à la tête de leurs armées, parlant ensemble à travers une rivière. B. 15, p. 31, n. 5. D'ap. J. Romain.

131 **Ravenne** (Silvestre ou Marc de). Bataille de cavaliers et fantassins romains, d'ap. Raphaël. B. 420.

132 — L'Homme se tirant une épine du pied. B. 480.

133 — Statue équestre de Marc-Aurèle. B. 515.

134 **Ribera** (J.), dit l'Espagnolet. Martyre de Saint-Barthélemy. B. 6. C'est la plus belle p. de l'œuvre.

135 — Saint Pierre pleurant son péché. B. 7.

136 — Le Poëte couronné de lauriers. B. 10. Cab. Debois.

137 — Silène près d'une cuve. B. 13.

138 **Robetta**, 1520. Adoration des mages. B. 6. Collée.

139 **Rosa** (Salvator). Apollon et la Sibylle de Cumes. B. 17.

140 — Glaucus et Scylla. B. 20.

141 — La même composition avec changements, peut-être par le maître, cette ép. étant rognée et remargée. — Etude de femme. — Etude de soldat, d'ap. Salvator. 3 pièces.

142 **Rota** (Martin). Sainte Madeleine à genoux et priant. B. 24. Magnifique ép. *P. Mariette*, 1668.

143 **Strada** (Vespasien) Vierge et Jésus tenant un oiseau. B 6. Dans la manière de F. Vanni.

144 **Tempesta.** Sujets de batailles. 1601. 2 p. superbes.

145 **Teste** (P.). Son portrait à l'eau-forte par lui-même. B. 1. — Martyre de saint Erasme. B. 14. — Thétis plongeant Achille dans un vase rempli d'eau du Styx. B. 21. 3 p. remargées.

146 — Abraham prêt à sacrifier Isaac. B. 2. Magnifique.

147 **Tiepolo** (J.-D.). Les Vertus théologales et pendant. 2 p. en rond. Toute marge.

148 — Tête d'Arménien. — 2 pièces des Fantaisies. 3 p.

149 **Triva** (Antoine). Repos en Egypte. B. 2. Rare.

150 — Marine, signée *Anto Tri. a F.* Non décrite.

151 **Vénitien** (Auguste). L'Empereur rencontrant le guerrier. B. 196. D'ap. Raphaël.

152 — Tarquin et Lucrèce. B. 208. 1ᵉʳ état, 1523. Rognée.

153 — Hercule et Anthée. B. 347. Avant *Ant. Sal.*

154 — La vieille Courtisane. Copie très-trompeuse d'une pièce non décrite et très-rare.

155 **Vico** (Enée). Le Combat des Amazones, d'ap. Raphaël. B. 14. Pièce ovale.

156 — Tarquin et Lucrèce. B. 15. 1ᵉʳ état, avant que les chiens fussent effacés. Marge. Cab. R. Dumesnil.

157 — Vénus à sa toilette, d'ap. Raphaël. B. 19. Rare.

158 — Combat des Lapithes pour enlever Hippodamie. B. 30.

159 — Suite de vases d'ap. l'antique. B. 420, 421, 422, 423, 424, 425, 426, 427, 429, 432, 433. 12 p. avec marge.

160 **Villamena** (F.). La Soucoupe, d'ap. Carrache. — Statue d'Alexandre. — Bataille d'Arbelles, d'ap. Tempesta. 3 p.

161 **Zanetti** (A.-M.). L'Education d'Achille. 1ᵉʳ état, avant que la dédicace soit enlevée.

162 **Zucchi** et Angelica Kauffmann. Uranie, en buste.

ÉCOLE ALLEMANDE

163 **Anonyme**, xvᵉ siècle. Bois : la Courtisane, femme nue mettant la main gauche à l'escarcelle d'un vieillard et donne une clef de la droite à un jeune homme. Petite p. ronde.

164 **Anonyme**, commencement du xvie. La Nativité : saint Joseph à gauche, tenant une chandelle de la main droite, et la Vierge à droite, adorant Jésus couché au milieu, au-dessous du bœuf et de l'âne. Trois anges et deux au-dessus voltigent en avant d'une maison ouverte. Petite p. non décrite, extrêmement rare. H. 90. Larg. 59 millim.

165 **Anonyme**, xvie. Bois : allégorie sur la Mort. Au bas dix vers français en caractères gothiques : *O quel bien c'est à l'homme de cognoistre...* Très-rare. Col. P. Vischer.

166 — Dessin de gaîne : Lucrèce. B. X, p. 165, n 51. Dans le goût de B. Beham.

167 — Les Apôtres, deux à deux. 5 p. remargées.

168 **Anonyme**. Attaque d'une forteresse. Petite p. ovale d'une grande finesse d'exécution.

169 **C. A. B.**, 1675 (monogramme). Ornement d'orfévrerie. Genre silhouette.

170 **C. S.** (monogramme). Saint Eloi s'occupant d'orfévrerie. Pièce très-ancienne, non décrite.

171 **I. B.** (monogramme). Le Joueur de cornemuse. B. VIII, p. 312, n. 36. Col. Delbecq.

172 **Adam** (G.). Vues de Salzburg, en Tyrol. 2 p. à l'eau-forte.

173 **Albr.** *fecit*. Trompette à cheval. Imitation de plume.

174 **Aldegraver** (H.). Son portrait à 38 ans, par un anonyme, d'après lui. Copie du n. 189, contre-partie.

175 — La Patience, 1552. B. 119. — Sophonisbe prenant le poison. B. 62. 2 p.

176 — L'Annonciation, 1553. B. 38. — Nativité (39). Copies. — Le bon Samaritain versant de l'huile (41). — Il paye l'hôte pour en avoir soin (43). — La Vierge assise, 1553. B. 52. 5 p. Pourra être divisé.

177 — Le Père sévère (73). — Le Soldat (174). — Grotesque à la Satyresse (275). 3 p.

178 — Rinceau d'ornement sortant d'une Tritone ou Sirène
tenant son enfant. B. 202.

179 — Dessin de gaîne, avec seigneur allemand tenant un
perroquet B. 215.

180 **Altdorfer** (Albert). La Vierge et sainte Anne. B. 14.

181 — Femme ailée, qu'on croit la Vérité répandant ses lu-
mières sur la terre. B. 58.

182 — Saint Christophe se baissant pour prendre Jésus sur
ses épaules. En bois. B. 54.

183 **Baldung** (Hans)? Scènes de la sainte Ecriture (48).
Très-petites pièces en bois. Très-rares.

184 **Beham** (Barth.), Le Fou et la Femme. B. 48. Très-
rare.

185 **Beham** (H. Sebald). Son portrait, par un maître au
monog. H. X. C., d'ap. lui-même, 1532. Non décrit.
Col. Delbecq.

186 — Job s'entretenant avec ses amis, 1547. B. 16. Magnifique ép. 1er état, non décrit par Bartsch, avant
beaucoup de travaux, les plantes sur le mur et la voûte
et les broderies à la robe de Job. Petite marge.

187 — La Vierge au perroquet. B. 19.

188 — Saint Jérôme. B. 62. Col. Delbecq. Marge.

189 — Lucrèce, 1519. Col. P. Vischer.

190 — La Religion chrétienne victorieuse. B. 128.

191 — La Charité. B. 137.

192 — L'Alphabet romain. 1545. B. 229.

193 — Le Baiser. Bois. B. 161.

194 — Adam (3). — Hercule et Cerbère (100). — Anthée
(105). — Saturne (114). — Mars (116). — Sol (117). —
Charité (131). — Danseurs (158), etc. 10 p. remargées
sur 4 feuilles.

195 **Bry** (Théodore de). La Courtisane tenant le dissolu
attaché par une jambe. — Le Soir des noces, dans un
encadrement d'ornement. 2 p.

196 — Le Capitaine prudent. — Le Capitaine des folies.—
Orgueil et Folie. 3 fonds de coupes entourés d'ornements et figures pittoresques.

197 **Burgmair** (Hans). Saint de la famille de l'empereur Maximilien. Bois.
— Mariage d'un empereur d'Allemagne. Bois.

198 **Chevillet**. La jeune Devineuse, d'ap. Peters.

199 **Cranach** (Lucas). Son portrait à 77 ans, d'ap. lui-
même, par Pazzi. Pet. in-fol.

200 — Pénitence de saint Chrysostome. B. 1. Pièce importante gravée sur cuivre.

201 — Titre du Martyre des apôtres. Bois. B. 37.

202 — Pilate se lave les mains. Bois. Tiré de la Passion.

203 — Les douze Apôtres en pied. Bois.

204 **Delsenbach** (J.-Adam). Hôtel-de-Ville de Nurem-
berg, avec l'hommage rendu à Charles VI.

205 **Dietrich** (C.-G.-E.). Le Troupeau en marche. Avant
le numéro.

206 — Saint Jacques prêchant dans un village. 1er état,
avant le nom et le numéro.

207 **Durer** (Albert). Son portrait, par de Boulonnais. —
Sa maison, à l'eau-forte, par Erhard, 1816. 2 p.

208 — Son portrait, par L. Kilian, d'ap. lui-même.

209 — Jésus-Christ expirant sur la croix. B. 24.

210 — Deux Anges tenant la sainte Face. B. 25.

211 — L'Enfant prodigue. B. 28.

212 — La Vierge à la poire. B. 41.

213 — Sainte Geneviève. B. 63.

214 — Le Ravissement d'Amymone. B. 71.

215 — Les Effets de la jalousie. B. 73.

216 — La Mélancolie. Copie par Wierix.

217 — Le Groupe des quatre femmes nues. B. 75.

218 — L'Oisiveté ou le Songe. B. 76.

219 — Le petit Courrier. B. 80. Magnifique.

220 — Le Violent. B. 92.

221 — Le Pourceau monstrueux. B. 95.

222 — Le petit Cheval. B. 96.

223 — Le Cheval de la mort. B. 98.

224 — Les Armoiries à la tête de Mort. B. 101.

225 — Albert de Mayence, de profil. B. 103.

226 **Durer. Bois.** Samson tuant le lion. B. 2.

227 — 7 pièces de la petite Passion, 44, 46, 47, 48, 49, 51, 52. Elles sont magnifiques.

228 — Saint Joachim embrassant sainte Anne sous la porte d'or. B. 79. Marge.

229 — Portrait d'Albert Durer, profil. B. 156.

230 **Guttenberg.** Vues d'Italie. 2 p. avant la lettre.

231 **Hollar** (W.). Son portrait in-8, par lui-même. Grande marge.

232 — La Fable du Satyre et le Passant. Très-petite pièce avec remarque.

233 — Sommeil de Diane. Pontius a gravé la figure.

234 — Les Saisons : dames à mi-corps en riches costumes. 4 p.

235 — Nature morte : le lièvre pendu par la patte. Avant *Lepouter*.

236 — Chien-lion couché. Papier de Chine.

237 — Tête de chat. Marge. Pièce rare.

238 — Lion couché. Magnifique. Marge.

239 — Animaux, dans le genre du maître. 6 p.

240 **Hopfer** (Daniel). Le Coup de lance. B. 11. 1er état, avant l'inscription : *Dein Leiden*, etc.

241 — Reliquaire au corps du Christ. B. 17. 1er état, avant le n 109. Marge.

242 — Vénus et l'Amour (46). — Soldat avec un espadon accompagné d'une femme (63). 2 p.

243 — Plante d'acanthe. B. 93. Marge.

244 **Hopfer** (Jérôme). La Famille du Satyre, d'après Durer. B. 33.

245 **Ivanowe**. La Hollandaise, d'ap. Ostade.

246 **Kilian** (W.). Sujet allégorique : un homme sauvage, accompagné d'un lion, soutient un jeune arbre surmonté d'armoiries, près d'une ancre à laquelle est attaché un navire portant les mêmes armoiries. Rare.

247 **Krug** (L.), dit le Maître à la cruche. La Nativité. B. 1.

248 — L'Adoration des rois. B. 2.
Ces deux pièces sont d'une grande beauté. Marge.

249 **Liefrinck**. 1558. Saint Jean prêchant.

250 **Mecken** (Israël). Deux Apôtres à mi-corps : saint Barthélemy, saint Simon. La marge du bas manque.

251 **P. V. N.** (monogramme). Paysages avec animaux dans des encadrements dorés et coloriés. 3 p. (Reynart, dit Paul Flint, 1594.)

252 **Pencz** (Georges). Conversion de saint Paul, 1543, B. 69. Cab. P. Vischer. Magnifique. Collée.

253 — Triomphe de la Chasteté. B. 118.

254 — Tobie aveugle (15). — Sophonisbe (82). — La Grammaire (110). — Arithmétique (113). — Musique (114). — Astrologie (116). — Géométrie (115). — Mélancolie de Beham. 8 p. remargées.

255 **Piringer**. Études de paysages au lavis. 9 p.

256 **Preisler** (J.-M.). Lot avec ses filles. 1er état, avant les armes. D'ap. Raphaël.

257 **Prestel** (J.-T.). Ecclésiastique donnant des vases précieux en aumône à des pauvres, d'ap. Guerchin.

258 **Ridinger**. Chasse au cerf, et autres. 11 p.

259 **Rugendas**. Halte de cavaliers. En bistre. — Cavaliers faisant du fourrage. 2 p.

260 **Sandrart** (J.). Vieille faisant pisser l'Amour. Eauforte très-rare. Avant l'adresse de Blooteling.

261 **Schaufelein** (Hans). Couronnement d'épines. B. VII, p. 255, n. 35. Pièce en bois.

262 **Schenk** (P.). Allégorie, image de la vie humaine : enfant faisant des bulles de savon. Manière noire.

263 — La Femme au chat. Manière noire.

264 **Schmidt** (M.-J.), 1771. Famille de Satyres. Eau-forte. Winckler, 4223.

265 **Schmitz**. Vue de l'île Louviers, prise de l'Arsenal, 1779. Ép. avant la lettre.

266 **Schonberger** (L). Isolina, dans le lac Majeur. Sup. ép. avant toute lettre.

267 **Schongauer** (Martin). Jésus présenté au peuple. B. 15.

268 — Saint Sébastien attaché à l'arbre. B. 59.

269 **Solis** (Virgile). HEK. TRO. Planche ronde, ornements avec figures. B. 433.

270 — Plus de 20 motifs d'ornements ronds et ovales sur la même planche. Non décrite. Très-rare.

271 — Sorte de bouteille d'une grande richesse d'ornements.

272 — Vase ou ciboire à couvercle très-riche.

Ces deux pièces sont d'une grande finesse d'exécution, anonymes et dans le goût du maître. Très-rares.

273 **Springinklee**. Sainte Ursule. Bois. B. 46.

274 **Swaneb**. Chef militaire attendri d'un récit. Riche composition.

275 **Weirotter** (F.-E.). Son portrait, par Schmuzer. In-4.

276 — Suite de Vues des environs des Andelys. 6 p. avant *Prevost* effacé.

277 — Vues de divers endroits 1760 dédiées à M. Coindet. 12 p. avant *Prevost* effacé.

278 — Douze paysages divers.

279 — Quatre eaux-fortes et deux dessins à la plume. 6 p.

280 — Pièces de différentes suites. 17 p.

281 **Weisbrod**, d'ap. Teniers et autres. 3 p. eau-forte pure.

282 **Wenceslas d'Olmutz**, et non *Wohlgemuth*. L'Homme de douleur. B. VI, p. 325, n° 17. Coloriée et gouachée, rehaussée d'or, du temps; donne l'aspect d'une miniature ancienne. Très-rare.

283 **Wille** (J.-G.). Son portrait, profil, in-4, par Ingouf 1771. Rare, remargé.

284 — Intérieur de famille; dessiné et gravé à la pointe sèche en 1762. Marge.

285 **Worms** (Ant. de). D. Dionysius Carthusieni doctor extaticus. Bois. Rare, non décrite.

286 **M. Z.** (monog.). Martin Zagel ou Zink. Martyre de saint Sébastien : Irène réclamant son corps. B. VI, page 373, n° 4.

287 **Zan** (Bernhart), 1581. Gobelet orné, avec tête de femme au milieu. Très-rare.

ÉCOLE FLAMANDE & HOLLANDAISE

288 **Aken** (Jean Van). L'Homme portant le paquet sur le dos. B. 19. — Le Repos des voyageurs. B. 21. 2 p.

289 **Akersloot** (W.). Cérès métamorphosant en lézard le jeune Stellion. Sup. ép. d'une pièce très-rare, d'ap. J. V. de Velde. Col. R Dumenil.

290 **Almeloven** (Jean). Paysage montagneux, B. 26. Rare ép. avant que la montagne du fond à gauche ait été terminée.

291 **Bakhuizen** (L.). La mer bordée dans le lointain par la vue d'Amsterdam. B. 4, toute marge.

292 — Vue d'une partie de port de mer avec beaucoup de figures. Sup. ép. B. 9.

293 **Balliu** (P. de). La Flagellation, d'après Diepenbeke. *Martinus van den Enden.*

294 **Bary** (Henri). Vieille jetant de l'eau par la fenêtre, d'après Miéris.

295 — Le vin est moqueur, d'ap. Miéris. Rare ép. tirée sur vélin. — Le même sujet, contre-partie. Manière noire. *VB* accolés.

296 Bega. La Mère et son mari. B. 30.

297 — La jeune Cabaretière caressée.

298 — Paysan allumant sa pipe (20). — La Mère (28). 2 p. remargées.

299 Berghem (Nicolas). Le Berger assis sur la fontaine. B. 8. Justus Dankers *excudit*.

300 — Le Troupeau traversant le ruisseau. B. 9.

301 — La Vache couchée près de la Vache qui pisse. B. 15.

302 — Cahier à la femme. 6 p. Moutons, B. **29** à **34**. Grandes marges sans numéros.

303 — Cahier à l'homme. 6 p. Chèvres. B. **35** à **40**. Grandes marges sans numéros.

304 — Cahier à la femme. 8 p. Brebis et Moutons. B. **41** à 48. Grandes marges sans numéros.

305 — Cahier à l'homme. 8 p. Chèvres, Béliers, Chiens. B. **49** à **56**. Grandes marges sans numéros.

306 — Le Pâtre jouant du flageolet (6). — Moutons, Brebis, etc. 7 p.

307 Bloemaert (C). Liberalitas (la Charité), *P. Mariette*, 1658. — Hercule du Capitole. — Empereur romain. 3 p.

308 Bloteling. La Vierge et Jésus adoré par sainte Catherine, d'ap. Van Dyck. Magnifique ép. avant les armes et avant la lettre. Marge,

309 Boel (C.). Naissance de Jésus.

310 Bol (Ferdinand). La Femme à la poire. B. 14.

311 Bolswert (Scelte à). Sainte Famille. Petite p. Sup. épreuve.

312 — d'ap. Van Dyck. Le Christ mort sur les genoux de la Vierge.

313 — — L'Élévation en croix. — Le Christ mort. 2 p. avec marge.

314 — — Le Christ adoré par sainte Catherine et saint Michel d'Anvers.

315 — Scène d'intérieur : conversation d'amants, d'après Laemen. Sup. ép. rare.

316 — d'ap. Jordaens. Le Concert de famille, figures à mi-corps. In-fol. en travers.

317 — Mariage de la Vierge, d'ap. Rubens. *Gillis Hendrich ex.*

318 — d'ap. Rubens. L'Éducation de la Vierge.

319 — — Sainte Famille à l'oiseau. *Gillis Hendrich.*

320 — — Sainte Cécile. Sur papier de Chine.

321 — — Paysage : passage du gué.

322 — — Grand paysage : Philémon et Baucis.

323 — — Grand paysage : l'Enfant prodigue.

324 **Both** (Jean). Le Grand arbre, avant que *Matham ex* soit effacé. B. 3.

325 — Les deux Mulets. B. 4. — Les deux Vaches au bord de l'eau. B. 8. 2 p. remargées.

326 **Breughel** (d'ap.). La Misère entrant chez le cordon-nier musicien, aux Quatre-Vents.

327 — Colporteur dans le pays des singes. *H. Cock ex.* 1562.

328 — Les Maximes de la foy. Sup. ép. *Cock exc.*

329 — Les Sept Péchés capitaux : l'Avarice, la Colère, l'Envie, la Gourmandise, la Luxure, l'Orgueil, la Pa-resse. 7 p. rares à trouver réunies.

330 — Paysage, eau-forte pure. Avant toute lettre.

331 — Le Jugement dernier. Remarge.

332 — Tentation de saint Antoine. Pièce comique en bois. Rare.

333 **Bruyn** (De). Titre orné : les Quatre Parties du monde. — Judas Machabée 1594. 2 p.

334 **Bye** (Marc de). Le Muletier. B. 78. Sup. ép

335 — Mouton sortant d'une étable. B. 94. Marge.

336 **Bylaert** (J. J.). Cheval et Vache, d'ap. P. Potter. — Le Cavalier dont le cheval pisse, d'ap. Vouvermans, 2 p. fac-simile de dessins parfaits d'imitation.

337 **Clouet**. L'Age d'or, d'ap. Diepenbeke.

338 — Intérieur de ferme l'hiver, d'ap. Rubens. Grande pièce.

339 **Cock** *ex*. Satyre menant Bacchus sur une brouette ornée de sphinx, hure de sanglier, etc. Sup. ép,

340 — Martyre de sainte Catherine : Jésus-Christ au ciel lui délivre la couronne, tandis que les anges foudroient les bourreaux, d'ap. Jules de Mantoue. Sup. ép.

341 — La Vue. — Tentation du Christ : paysage. 2 p.

342 **Coelmans**. Vase de fleurs, d'ap. Bodesson.

343 **Collaert** (Ad.). Poissons. 5 p. — Oiseaux. 7 p. — Pêche, Chasses, etc. En tout 18 p.

344 **Collaert** (Jean). Mars et Vénus, d'ap. Stradan. Jolie pièce.

345 **Cort** (Corneille). Mercure sauvant l'homme et la femme des vices Belle composition allégorique dans un entourage richement orné de sujets.

346 **Dalen** (C. V.). Son portrait, par Defrey. — Apollon Pythien. 2 p.

347 — Les quatre Pères de l'Eglise, d'ap. Rubens.

348 **Dujardin** (Karle). Le Berger derrière l'arbre. Papier à la folie. B. 23

349 — Le Champ de bataille. B. 28.

350 — Les Vaches, le Taureau et le Veau. B. 34.

351 — Titre de l'OEuvre et Paysages. 4 p.

352 **Dusart** (Corneille). Les deux Chanteurs. B. 3. 1ᵉʳ état, avant la planche coupée en ovale.

353 — La Ventouse. B. 12. — Le Chirurgien de village. B. 13. 2 p.

354 — La Fête de village. B. 16. Avant les taches de rouille sur la planche.

355 **Dyck** (Antoine Van). Le Christ au roseau. Avant *Et fecit aqua forti*.

356 — Le Titien et sa maîtresse.

357 **Ertinger.** Châteaux des Pays-Bas. 6 p.

358 **Folkema.** L'Etat et les Délices de la Suisse. — Allégorie pour les Mines de la Hollande. 2 p.

359 **Frey** (J. de). Les Syndics de la Halle aux draps d'Amsterdam, d'ap. Rembrandt. Ép. d'eau-forte avant toute lettre.

360 — L'Ermite, d'ap. Brekelenkamp. Avant toute lettre.

361 **Fyt** (J.). Le Chien et la Chienne. B. 14. — Le Chien alléché par le gibier. B. 16. 2 p.

362 **Galle** (C.). Jésus et les enfants. Petite pièce sur vélin.

363 — Prognée faisant voir à son mari la tête de son enfant après lui en avoir fait manger le corps, d'ap. Rubens.

364 — Judith. — Rendez à César. 2 p. d'ap. Rubens.

365 **Galle** (Ph.). Chasses et autres. 4 p. d'ap. Stradan.

366 **Gheyn** (Jacques de). Les Fous d'argent et d'amour.

367 — L'Été, d'ap. K. Van Mander. *P. Mariette*, 1692.

368 — Persée délivrant Andromède. Charmante pièce en rond, 1588.

369 — Chat-huant tenant un rat près d'une chandelle à lentille grossissante, allégorie très-rare et très-curieuse.

370 **Glauber.** Les trois Femmes au bain. B. 11.

371 — La Bourrasque. B. 18.

372 — Les trois Femmes dans le bateau. 1er état, avant le ciel éclairé derrière l'arbre le plus près des deux femmes qui sont sur le terrain. B. 19.

373 **Gole** (J.). Scène bachique et joyeuse. Manière noire.

374 — Le Maître d'école, d'ap. H. Kerk. Manière noire.

375 **Goltzius** (H.). La Circoncision. B. 18. La plus belle des pièces connues sous le nom de chefs-d'œuvre. Il s'est représenté dans l'homme derrière celui qui tient Jésus.

376 — Frontispice allégorique pour les Romains illustres. B 95.

377 — Le Corps de Jésus-Christ soutenu par un ange au bord du tombeau, d'ap. Spranger. B. 273.

378 — Sainte Famille auprès d'une colonne. B. 274.

379 **Goltzius** (Jules). La Vierge, Jésus et sainte Anne qui lui offre du raisin, d'ap. Martin de Vos.

380 **Goudt** (Henri Comte). Cérès buvant; Stellion se moque d'elle, d'ap. Helsheimer.

381 — La Fuite en Egypte, d'ap. Heilsheimer.

382 **Maeften** (N. W. Van), 1699. Le Fumeur au pot de bière de mars. Sup. ép. Col. P. Vischer.

383 — La Déclaration : Jean, il est bien doux. 1702. Signé Rechberger, 1807.

384 **Hecke** (J. V. den). Les Chèvres. B. 3. Sup. ép.

385 — Titre. B. 1. Le Chien et la Chienne (5). — Les deux Chiens en repos (6). 3 p.

386 **Heem** (J.-C.). Sujet de nature morte. Rare, remargé.

387 **Heemskerke**. Les soldats d'Holopherne vaincus. — Tobie rendant la vue à son père. En bois. — Figures allégoriques sur un char. 3 p.

388 **Heiss**. Sépulture de Jésus-Christ, d'ap. le tableau de Rembrandt à Dusseldorf. Rigal 371. Avant toute lettre.

389 **Hondius**. L'Adoration des bergers, 1618.

390 — La Danse des fous, 1642. 3 p. très-comiques, d'ap. P. Breughel.

391 — Noce de village, 1644, d'ap. P. Breughel.

392 **Hooghe** (Romyn de). Le Roi d'Espagne descendant de son carrosse pour y faire monter le Saint-Sacrement. Sup. ép. sans marge.

393 — Sujets de la Bible avec scènes dans les angles. 6 p.

394 **Hortemels** (Fred.). Mort d'Abel, d'ap. Sacchi.

395 **Huchtenburg**. Les Pilleurs. B. 1. Très-rare.

396 **Jegher** (Christophe). Suzanne et les Vieillards, d'ap. Rubens. Grande et très-belle pièce en bois.

397 — Silène ivre soutenu par un Satyre et une Bacchante. En bois, d'ap. Rubens.

398 **Jode** (Gérard de). Tempus. Pièce allégorique remargée.

399 **Jode** (Pierre de). Son portrait, d'ap. Van Dyck, par Vorsterman.

400 — Jésus chez Nicodème : effet de lumière, d'ap. Seghers. Sup. ép.

401 — Ecce homo, d'ap. Diepenbek. *Martinus van den Enden.*

402 — L'Adoration des bergers, d'ap. Jordaens.

403 — Saint Martin de Tours guérissant un possédé, d'ap. Jordaens.

404 **Jordaens** (Jacques). Jupiter enfant nourri par la chèvre Amalthée. Avant *A. Bloteling excudit cum privilegio.*

405 — Le même, avec *Bloteling* et la retouche.

406 — Mercure coupant la tête d'Argus. Avant *Bloteling.*

407 — (D'après). Femme à sa toilette : la Folie tient le miroir et un Vieillard montre une tête de mort. Sup. ép. glomisée.

408 **Kyron** (W.). Combat d'un cavalier contre deux fantassins. Figures formées de rinceaux d'ornements pour l'orfévrerie.

409 **Laer** (P. de). Les Buffles. B. 7.

410 — Suite de six différents chevaux. B. 9 à 14.

411 **Lairesse** (G. de). Vénus pleurant Adonis. Jolie pièce in-4.

412 — Scène de décapitation. 1re ép. avant le numéro, et autres remarques.

413 **Lis** (J. Van). Saint Jean-Baptiste à mi-corps. Rare.

414 **Lyvyus** (J.). La Mort et les Joueurs de cartes.

415 **Lucas de Leyde**. Saint Joachim et sainte Anne. B. 34.

416 — L'Homme de douleurs. B. 76.

417 — Jésus-Christ apparaissant à la Madeleine sous la figure d'un jardinier. B. 77. Sujet à mi-corps. Superbe.

418 — La Vierge avec Jésus assise dans un paysage. B. 84. Marge.

419 — Saint Jean Évangéliste; à mi-corps. B. 103. Sup. épreuve.

420 — Saint Pierre et saint Paul. B. 106. Col. Debois.

421 — Le Portrait de Lucas de Leyde. B. 173.

422 — Portrait d'un jeune homme regardé pour être Lucas de Leyde. B. 174.

423 — Saint Sébastien. B. 115. — L'Espiègle, copie par Hondius **2** p.

424 **Matham** (Jacques). Son portrait par J. V. Velde.

425 — Repos en Egypte, d'ap. Goltzius. Sup. ép. Marge.

426 — Sujets plaisants de mardi-gras. Fig. à mi-corps. Rare.

427 **Meer** (J. Van der), le jeune. La Brebis debout. B. 2. Sup. ép.

428 **Merian**. Paysages, Chasse, Mois. 6 p.

429 **Merian** (M.). Huit paysages de la suite des Mois de l'année.

430 — Allégories, d'ap. Claude de Laruelle. Publié à Nancy. 14 petites p. remargées.

431 **Meurs** (C. H. Van). Femme allumant une chandelle, d'ap. Mieris. Avec quatre vers français. Rare.

432 **Miele** (Jean). Le Berger. B. 1.

433 — L'Epine dans la plante du pied. B. 3.

434 **Moreels** (P.) Mort de Lucrèce. Clair-obscur de trois planches. Très-beau.

435 **Muller** (Hermann). L'Hypocrite et le vrai croyant.

436 **Muller** (J. G.). Loth et ses filles, d'ap. Honthorst. Ép. avant la dédicace. Marge.

437 **Nolpe** (Pierre). Les mois de Janvier, Mars, Avril, Mai, Juin, Août, Novembre, Décembre. 8 p.

438 **Notnagel** (Benjamin). Buste d'Oriental. — Buste d'homme en bonnet plat, 1776. 2 p.

439 **Orley** (Richard Van). Sujets tirés de la pastorale italienne. 5 p.

440 — (et Jean Van). Sujets du Nouveau Testament. 18 p , dont 2 doubles avec différences.

441 — Sujets du Nouveau Testament. 11 p.

442 **Ostade** (Adrien Van). Paysan sonnant du cor. B. 7. Ép. avant divers travaux.

443 — L'Homme appuyé sur le bas de sa porte. B. 9.

444 — Le Fumeur à la fenêtre. B. 10. Ép. avant les travaux au burin.

445 — L'Homme et la Femme causant ensemble. B. 12. Remargé.

446 — La Poupée demandée. B. 16. Ép. de remarque.

447 — Le Coup de couteau. B. 18.

448 — Rederyker. Les Harangueurs. B. 19.

449 — La Grange. B. 23. Grande marge.

450 — La Dévideuse. B. 25. Avant divers travaux.

451 — Les Pêcheurs. B. 26.

452 — Le Savetier. B. 27. Sup. ép.

453 — La Fileuse. B. 31.

454 — Les deux Commères. B. 40. Ép. de remarque.

455 — Le Charlatan. Sup. ép., 1er état. B. 43. Avec le paysan et l'enfant au fond, qui furent remplacés par un groupe de quatre enfants.

456 — Le Goûter. B. 50. Pièce capitale.

457 **Ostade** (D'ap. Isaac). Chariot avec figure. Eau-forte pure.

458 **Panneels** (Guil.). Cléopâtre, d'ap. Rubens, 1631.

459 **Passe** (Crispin de). Sainte Famille au repos, d'après
Rotenhamer. Sup. ép. d'une petite pièce ovale.

460 — Jésus tenté par le démon. — Orphée. 2 p.

461 **Pas** (Magdeleine de). l'aysage, d'ap. P. Bril.

462 — La Pêche miraculeuse. Christ dit probablement par
Madeleine de Pas.

463 **Paullis** (And. de). Le Reniement de saint Pierre,
d'ap. Gérard Seghers.

464 **Ploos Van Amstel** (C.), d'ap. Bouwer. Le Buveur
endormi.

465 — d'ap. Cuyp. Marine. Aquarelle.

466 — d'ap. Van Goyen. Marché à l'entrée d'un bourg.

467 — d'ap. Ostade. Le Lecteur de gazette.

468 — d'ap. Rembrandt. Jésus-Christ disparaissant aux
yeux des disciples d'Emmaüs.

469 — d'ap. Saenredam. Intérieur d'église. Aquarelle.

470 — d'ap. J. Steen. Procureur et son clerc.
Magnifiques fac-simile de dessins.

471 **Pontius** (Paul). Son portrait à l'eau-forte, par Van
Dyck.

472 — Le Calvaire, d'ap. Diepenbeke.

473 — Suzanne et les Vieillards, d'ap. Rubens.

474 — Sainte Rosalie adorant Jésus, accompagné de saint
Pierre; et autre, d'ap. Van Dyck.

475 — Le Roi boit, d'ap. Jordaens.

476 **Potter** (Paul). Le Vacher. B. 14. 2e état. Des cabinets
R. Duménil et Debois. Marge.

477 — (D'après). Les deux Vaches. — Le Cheval de frise.
2 p par de Claussins.

478 **Rembrandt**. Son portrait entouré de ses estampes.
par S. Fokke. Jolie petite pièce, rare.

479 — Son portrait, l'écharpe autour du cou. B. 17.
Superbe. Avec de la manière noire laissée sur la planche.
Grand effet.

480 — Rembrandt et sa femme. B. 19.

481 — Rembrandt aux cheveux courts et frisés. B. 26. Col. R. D.

482 — Tête de Rembrandt, coupée du griffonnement. B. 363. Superbe.

483 — Abraham caressant Agar. B. 33. Col. R. Dumenil.

484 — Sacrifice d'Abraham. B. 35 Superbe. Marge.

485 — David et Goliath. — La Vision d'Ezéchiel. Sur vélin.

Ces 2 pièces sont pour un livre espagnol. B. 36.

487 — Jacob pleurant la mort de Joseph. B. 38. Col. Robelot.

488 — Joseph et Putiphar. B. 39. Grande marge.

489 — Triomphe de Mardochée. B. 40.

490 — La Nativité. B. 45.

491 — La Vierge et Jésus sur des nuages. B. 61. Cab. Debois.

492 — La Sainte Famille. B. 63.

493 — Jésus et la Samaritaine près du puits. B. 71. Ép. avant les travaux de pointe sèche dans les parties ombrées.

494 — Descente de croix au brancard. B. 83.

495 — Disciples d'Emmaüs. B. 88. Signée *Bartsch*.

496 — Pierre et Jean à la porte du Temple. B. 94.

497 — Martyre de saint Etienne. Grande marge. B. 97.

498 — Saint Jérôme. B. 105.

499 — Médée, ou Mariage de Jason. B. 112 Avec la marge en bas et les vers, qui furent coupés.

500 — Chasse aux lions. B. 115. Cab. Debois.

501 — La Coupeuse d'ongles. B. 127.

502 — Le Dessinateur d'ap. le modèle. B. 130. Sup. ép.

503 — L'Espiègle. B. 188. Sup. ép. Rare.

504 — Figures académiques d'hommes. B. 194.

505 — Femme nue les pieds dans l'eau. B. 200.

506 — Négresse couchée. B. 205.

507 — Paysage au dessinateur. B. 219. Cab. Debois.

508 — Homme sous une treille. B. 257. Sup. ép. **Marge.**
Cab. Debois.

509 — Vieillard à grande barbe et bonnet fourré. B. **262.**

510 — Faustus regardant un effet magique. B. **270.** Superbe

511 — Abraham France. B. 273.

512 — Janus Silvius. B. **280.** Marge.

513 — Vieillard à grande barbe endormi. B. **290.**

514 — Vieillard (31). B. Suppl.—Copies. Portrait de Rembrandt (23). — Synagogue. — Jean VI. — La Grange à foin. — Jésus guérissant les malades. — Le Peseur d'or. — La petite Tombe, par Novelli. — Philosophe, par Surugue.

515 **Rodermont.** Esaü cédant son droit d'aînesse pour un plat de lentilles. B. 77.

516 — Portrait de Jean Second, célèbre poëte. B. **79.** Sup. ép. très-rare. Grande marge.

517 **Roos** (J. H.). Différents animaux. B. **24, 25, 27, 28.** 4 p. à l'eau-forte.

518 **Rubens** (P.-P.). Saint François recevant les stigmates.

519 — La Vieille à la chandelle. Basan III, page **118,** n° 46-43. Sup. ép. terminée par Vorsterman.

520 **Rubens** (D'ap.). La Pêche du poisson. Pièce anonyme.

521 — Couronnement de la reine. — Apothéose d'Henri IV, et Régence de la reine. — Gouvernement de la reine. 3 grandes pièces.

522 **Ruysdaël** (J.). Le petit Pont. B. 1.

523 — La Chaumière au sommet de la colline. B. 3.

524 **Sadeler** (Egide). Sainte Famille, d'ap. J Ab. Ach.

525 — Marines, paysages, etc. 6 p.

526 **Sadeler** (Jean). La Mort visitant les pauvres. Superbe épreuve.

527 — Bacchus sur un tonneau, en avant d'un pressoir.

528 — La Vierge de douleur soutenant le corps du Christ, entouré de scènes de la Passion. — Sujet de la Genèse. 2 p. remargées.

529 **Sadeler** (Raphaël). Sainte Madeleine. — Sainte Famille avec sainte Catherine. — Les Juifs saignant un enfant. 3 p.

530 **Saenredam** (Jean). Élie arrivant chez la veuve de Sarepta, d'ap. Bloemaert· B. 19.

531 — Pâris et OEnone, d'ap. Cornelis. B. 37.

532 — Eve persuadant Adam de manger du fruit de l'arbre de vie, d'ap. Goltzius. B. 40.

533 — Diane présidant à la pêche. B. III, page 245-7.

534 — Vénus et l'Amour. B. III, page 241, nº 63.

535 **Schmidt** (Georges-Frédéric),1757.Fumeur et Buveur, d'ap. Ostade, 1667. Sup. ép.

536 — La Juive fiancée, d'ap. Rembrandt. Sup. ép.

537 — Le Père de la fiancée réglant sa dot, d'ap. Rembrandt. Superbe.

538 **Schut** (Corneille). Vénus entre Bacchus et Cérès. Très-belle eau-forte.

539 **Sichem** (C. Van). Faust et Méphistophélès. A l'eau-forte.

540 — Judith donnant la tête d'Holopherne à sa servante. — Portrait d'homme tenant un gant. 2 p. en bois.

541 **Snyers** (H.). Les Pères et Docteurs de l'Eglise agitan¹ la question du mystère de la transsubstantiation d'ap. Rubens.

542 **Soutman** (P.). Sennacherib renversé de son cheval, épouvanté du carnage que l'ange exterminateur fait dans son armée, d'ap. Rubens.

542 *bis*. — Jésus au tombeau, d'ap. Rubens.

543 — Sacre d'un évêque, d'ap. Rubens.

544 **Stoop.** Deux chevaux au pâturage. B. 3. Superbe ép. avant le nº. Rare.

545 — Le Cheval qui pisse. B. 5. — Le Valet de chiens. B. 12. — Cavalier (10), et autre. 4 p.

546 **Suyderhoef** (J.). Vierge et Jésus, d'ap. Rubens. Sup. ép.

547 — Bacchus ivre, soutenu par un Maure et un satyre. *Soutman ex.*

548 — Le Retour des champs, d'ap. Berghem. 1re ép. avant l'adresse de Goos.

549 — La Danse au cabaret, d'ap. Ostade.

550 — Le Coup de couteau, d'ap. Ostade.

551 **Swanemburg**. Satan peignant les vanités du monde. — L'Orgueil, d'ap. Bloemaert. 2 p.

552 **Swanvelt** (Herman Van). La Fileuse et les quatre Bœufs. B. 78. Sup. ép. avec *et ex.*

553 — Le Soir. B. 81. Sup. ép., marge avec *et ex.*

554 — Le Salut. B. 86. Sup. ép. avec *et excudit.*

555 — Paysages et animaux (par et d'après). 6 p.

556 **Teniers** (D.) *inv. et ex.* Homme vidant sa pipe.

557 — Les quatre Fumeurs près la cheminée.

558 — Le Porcher et la Laie et ses petits, verni mou. Anonyme.

559 — Fête flamande. Anonyme.

560 **Uden** (Lucas Van). Son portrait, par Vorsterman, d'ap. Van Dyck.

561 — La Laitière, paysage d'ap. Rubens. B. 53.

562 **Uytenbrouck** (Moïse). Mercure punissant Battus de son indiscrétion. B. 28.

563 — Le Berger et la Bergère. B. 48.

564 **Vanloo** (J.). Le Village pillé par les pandours hongrois, d'ap. Bregdel.

565 **Velde** (Adrien Van de). Les deux Vaches au pied d'un arbre. B. 13. C'est une des plus belles pièces du maître. Grande marge.

566 **Velde** (J. Van). Le bon Samaritain conduisant le blessé sur son cheval.

567 — Le Crépuscule. Superbe effet de clair-obscur.

568 — Paysages. 4 p.

569 — Fête de village, 1617. Superbe.

570 **Verkolje.** Jeune dame versant de l'eau par la fenêtre. Superbe manière noire, d'ap. Ochter Velt, 1685.

571 **Visscher** (Corneille). 4 sujets d'animaux, d'ap. Berghem.

572 — Le Coup de pistolet. Sup. ép., d'ap. Laer.

573 — Le Four à chaux. Sup. ép., d'ap. P. de Laer. Ces
deux p. sont avant toute lettre.

574 — Abraham allant en Mésopotamie, d'ap. Basan. Ép.
avant toute lettre.

575 — D'après Berghem et autres. 12 p.

576 **Visscher** (Jean). Quatre buveurs et une femme
chantant, d'ap. Ostade.

577 — Le Tâtonneur, d'ap. Ostade F. de Witt.

578 — D'après Berghem, etc. 9 p.

579 — (Jean Claas). Suite de 11 paysages avec figures.

580 **Vlieger** (Simon de). Le Bourg. B. 9. C'est une des
pièces les plus importantes du maître. Superbe.

581 **Vliet** (J.-G. Van). Loth et ses filles, d'ap. Rembrandt.
Sup. ép. B. 1.

582 — Le Vendeur de chansons. 1ʳᵉ ép. avant toute
adresse, sup. ép. B. 15.

583 — Les Débauchés. 1ʳᵉ ép. avant l'adresse de Peyenaar,
sup. ép. B. 16.

584 — Le Goût. B. 27. — Le Marchand de mort aux
rats (80). 2 p.

585 **Vorsterman** (Lucas), son portrait à l'eau-forte, par
Ant. Van Dyck.

586 — Loth et ses filles, d'ap. H. Gentileschi.

587 — Le Satyre et le Paysan, d'après J. Jordaens.

588 **Waumans.** Fuite en Égypte, d'ap. Diepenbeke.
Mart. Van den Enden.

589 **Westerhout**. Anges tenant les instruments de la Passion. 4 p.

590 **Waterlo** (Antoine). Le Chariot sur le chemin de Schevelingue. B. 15. — Le Village au clocher pointu au bord de la mer. B. 24. 2 p. sur papier à la folie.

591 — Le Dormeur au bord du chemin. B. 49. 2 ép. avec différences.

592 — Le Vacher et le Moulin. B. 82. Très-grande marge.

593 — Le Moulin à eau au pied d'une montagne. B. 94. Papier à la folie.

594 — La Paysanne et la Fille sur le petit pont. B. 114. — Le Chemin à travers le bois (115). — La Ferme au bord de l'eau (116). — Le Moulin (119). — Les deux Voyageurs en repos dans le bois (123). 5 p. — Pourront être divisées.

595 **Wierix** (Antoine). Les Semailles. — Présentation au Temple, etc. 3 p.

596 **Wierix** (Jérôme). Le Christ porté au tombeau. — Sainte Famille. 2 p.

597 **Witdoek**. L'Apparition de saint Nicolas à Constantin, d'ap. Schut. Toute marge.

598 **École hollandaise**. Vues de la rivière d'Amstel, par *de Coppier*. — La Maison de ville et le poids sur le Dam. — L'Y devant Amsterdam, par Fokke. — Muyderpoort écroulé par Reuss. 2 p. — Vues d'Amsterdam. 4 p. — En tout, 9 p.

ÉCOLE FRANÇAISE

599 **Anonyme**. Jupiter en satyre et Antiope, à l'eauforte, en buste. Très-rare.

600 — Jupiter en cygne et Léda. Avant toute lettre, toute marge.

601 **Audran** (Benoist). Alexandre malade et son médecin Philippe, d'ap. Le Sueur. Grande marge.

602 **Audran** (Gérard). Mort de Narcisse, d'ap. N. Poussin. Cab. Rob. Duménil.

603 — La Mort de saint François, d'ap. An. Carrache. Grande marge.

604 — La Pentecôte, d'ap. Lebrun.

605 **Bellange** (D'après). La Vierge soutenant le corps mort de Jésus-Christ.

606 **Bernard** (Samuel). Fuite en Égypte (5).— Astianax retiré du tombeau de son père, d'ap. Bourdon (8). 2 p. Cab. R. Duménil.

607 **Bosse** (Abraham). Vestir les nuds. *Le Blond ex.* Marge.

608 — Le Peintre.— Le Sculpteur.— Le Graveur.— L'Imprimeur. 4 p.

609 — Les quatre Ages de l'homme. 4 p. *Le Blond ex.*

610 **Boulanger**. Vierge et Jésus.

611 — Saint Joseph et Jésus, d'ap. Lefèvre.

612 **Boulogne** (L. de). Martyre de saint Paul. R. D. 8.

613 **Bourdon** (Sébastien). Vierge à l'écuelle. R. D. 12. 1er état. Cab. R. Duménil.

614 — Fuite en Égypte. R. D. 17. 1er état.

615 — Repos en Égypte. R. D. 26. 1er état.

616 — La Vierge sur une arche souterraine, appendice 3. Cab. R. Duménil.

617 **Boyvin** (Réné). Silène soutenu par deux satyres, dont l'un lui offre à boire. R. D. 28. D'ap. L. Penni.

618 — Les trois Parques, d'ap. Maître Roux. R. D. 31.

619 — Jupiter et Antiope, d'ap. L. Penni. R. D. 71.

620 — Deux vases avec Amphitrite et Neptune. R. D. 171.

621 — Corbeille avec Philémon et Baucis. R. D. 176.

622 **Brebiette** (P.). Portrait de F. Quesnel, peintre.

623 — Sainte Famille, d'ap. André del Sarte. Sup. ép.

624 — La Bohémienne, curieuse composition de sept figures.

625 **Businck** (Louis). Les Évangélistes Jean et Mathieu.
— Saint Luc et autre montrant la Vierge. 2 clairs-obscurs de 3 pl., d'ap. G. Lallmann.

626 — La Leçon de musique, d'ap. Lallmann, clair obscur de 3 pl. Sup. ép.

627 **Callot** (J.). Son portrait in-8, par M. Lasne. — En pied, d'ap. Jacquand, par Boilly, sur Chine. 2 p.

628 — Petit in-fol., par J. Lubin. Superbe, grande marge.
  Nous avons suivi les numéros du Catalogue de M. E. Meaume.

629 — Passage de la mer Rouge (1). 1er état.

630 — Massacre des Innocents (6). 1er état. Marge.

631 — Jésus au milieu des mesureurs de grains (52).

632 — Sainte Famille à table, dite le Bénédicité (65). 1er état.

633 — Mariage de la Vierge (79). Magnifique, grande marge.

634 — Saint Jean dans l'île de Patmos (102).

635 — La Tentation de saint Antoine (139). Avant le trait échappé en haut.

636 — Saint Nicolas (140). Avant le nom d'Israël.

637 — Les Martyrs du Japon (155). 1er état avant Sylvestre.

638 — Portrait de J. Dom. Peri (433), poëte, dit le Jardinier.

639 — Combat à la barrière (501). Superbe, marge.

640 — Débarquement de troupes (533). 1er état, remargé.

641 — Les grandes Misères de la guerre (564-581), 18 p. Avant le nom de Callot.

642 — Le Jeu de boules ou la Foire de Gondreville (623). 1er état avant le nom écrit à la main par le maître.

643 — Les Bohémiens, suite de 4 pièces (667-670). Avant *Israel ex*.

644 — Armoiries de la maison de Lorraine (912).

645 — Deux Dames de condition (672). — Bossu (765). —
Les Fileuses. 3 p.

646 — Bataillon en position. Pièce anonyme sur vélin.

647 — Titre de Varie Fgure. — La Tour de Nesle (714).
3 p., remargées.

648 **Chasteau** (G.). Assomption de la Vierge, d'ap. An.
Carrache.

649 **Chedel.** Chemin dans l'eau, d'ap. Wouvermans.

650 **Cochin** (N.). Moïse brisant les Tables de la loi.

651 — Adoration des Mages.

652 **Coypel** (Ant.). Pan vaincu par l'Amour. — Démo-
crite. 2 p.

653 **Daret** (P.). Vierges et Jésus. 2 p.

654 **David** (C.). Sainte Véronique, d'ap. Vouet. Toute
marge.

655 — Les Amoureux, avec douze vers piquants. Remargé.

656 **Delamare-Richart.** Tête d'homme barbu, coiffé
d'une toque en fourrure avec aigrette. De trois-quarts,
dirigé à gauche.

657 **Dorigny** (Michel). Sainte Marguerite, d'ap. le tableau des Minimes, à Paris. R. D. 70. — L'Assomption
de la Vierge, d'ap. le tableau de l'abbaye de Pont-aux-
Dames. R. D. 74. — Hercule et Omphale. R. D. 90.
3 p., d'ap. Simon Vouet.

658 **Dorigny** (Nicolas). Saint Philippe Neri enlevé au ciel
par deux anges.

659 **Drevet** (P.). Annonciation, d'ap. Ant. Coypel. Sup.,
toute marge.

660 **Duflos.** Assomption de la Vierge. — Sainte Syre et
sainte Marane. 2 p.

661 **Dupuis.** L'Enfileur d'aiguilles, d'ap. Duménil. Remargé.

662 **Duvet** (Jean), dit le maître à la licorne. Un chasseur
      apportant un présent à un roi assis auprès de Diane,
      suivi de deux chasseurs armés de piques. 1re pièce
      d'une suite non chiffrée, faisant allusion aux amours
      d'Henri et Diane de Poitiers. R. D. 54.

663 **École de Fontainebleau.** Henri II, après avoir
      surmonté les vices et passions aveugles, entre dans le
      temple de l'Immortalité. B. XVI, p. 393-43. Sup. ép.,
      d'ap. maître Roux.

664 **Flamen** (Albert). Poissons de mer : la Pucelle (419).
      — Le Merlan (420). — Le Congre (422). — Le Maque-
      reau (423) — Vue des moulins à poudre d'Essonne
      (505). 5 p.

665 **Garnier** (Ant.). Sainte Famille, d'ap. Blanchard.
      Superbe, du cabinet Denon et R. Duménil.

666 **Gaultier** (Léonard). Nouveau-Testament. 14 petites
      pièces superbes, grandes marges.

667 — Jugement dernier. Remargé. — Pièce allégorique
      attribué. 2 p.

668 **Gellée** (Glaude), dit le Lorrain. Passage du gué.
      R. D. 3, remargé.

669 — Le Troupeau à l'abreuvoir. R. D. 4, avant les
      marges nettoyées.

670 — Mercure jouant de la flûte. R. D. 17.

671 **Grignon.** Jésus embrassant sa mère, d'après le
      Guide.

672 **La Hyre** (L. de), 1640. La Vierge et Jésus servis
      par des anges. R. D. 5. 1er état, sup. ép. C'est une des
      plus belles compositions du maître.

673 **Landry.** Le Bénédicité, d'ap. Le Brun.

674 **Lasne** (Michel). Son portrait, par Hubert, d'ap. Le
      Brun, grand in-4. Sup. ép., marge, rare.

675 — L'Hôtelier. — Deux seigneurs buvant et fumant. —
      Deux joueurs de cartes et une courtisane. 3 p., re-
      margées.

676 — Vierge et Jésus appuyé contre son berceau, d'ap.
Rubens. Superbe, attribuée.

677 **Le Brun**. L'Aurore. Remargé.

678 **Le Clerc** (Sébastien). Les Tireurs de Nantes à l'ar-
quebuse. Jombert, 86. Pièce très-importante et rare,
1re ép.

679 — Décoration pour le feu d'artifice des Gobelins, à
l'occasion de la naissance du duc de Bourgogne, 1682.
1re planche, Jombert, 175. Cab. Debois.

680 — Le Mai des Gobelins. Ép. avec remarques, mais
avec la femme près la voiture.

681 — Petites Conquêtes. 4 p.

682 — Scène de tragédie, paysages, titre de livre, etc.
11 p.

683 **Le Sueur** (Eustache). Son portrait, par Van Schuppen, 1696. Sup. ép., petit f°, marge.

684 — Sainte Famille. Eau-forte, la seule pièce gravée par
le maître. Cab. R. Duménil.

685 **Leu** (Thomas de). Vierge rayonnante portant Jésus.
Sup. ép., petit 4°.

686 — Vierge couronnée par deux anges, sur une croix
rayonnante. Sup. ep., attribuée. *T. Galle exc.*

687 **Lochon**. La sainte Mère de Jésus souffrante. Remargée.

688 **Loir**. Massacre des innocents.

689 **Massé** (Ch.) Renaud enlevé par Armide, d'ap. N.
Poussin.

690 **Mauperché** (H.). Tobie offrant le poisson à l'ange.
R. D. 8. Sup.

691 — L'Ange conseillant Tobie. R. D. 9.

692 — La Fuite en Égypte. R. D. 21.

693 — Saint Jean prêchant dans le désert. R. D. 24.

694 — Moyens paysages, 37 et 40. 2 p.

695 **Mellan** (Claude). Son portrait, par Edelinck. Sup.
ép., grande marge.

696 — La Religion. Sup. ép. avant la lettre.

697 — La Madeleine évanouie. — L'Histoire gravant des caractères grecs sur un obélisque. — Les Satyres. 3 p.

698 — La Femme à la ratière. Pièce très-rare qui n'a jamais été terminée.

699 **Morin.** Les Moissonneurs. R. D. 107, et autre. 2 p.

700 **Oudry.** Loup forcé par des chiens.

701 **Perelle.** Perspective de Paris, vue du Pont-Rouge On voit le Louvre, le Pont-Neuf et le collége des Quatre-Nations.

702 — Paysages de grandeurs différentes. 24 p., 3 lots.

703 **Perrier** (F.). Bas-reliefs de Rome. 42 p.

704 — Statues antiques de Rome. 44 p. marge.

705 **Pesne.** Sainte Famille, d'ap. An. Carrache, appelée le Menuisier. R. D. 96.

706 **Picault.** La Famille de Darius, d'ap. Le Brun.

707 **Poilly** (F.). La Vierge au linge, d'ap. Raphaël.

708 — La Sainte Famille au berceau, d'ap. Raphaël.

709 — Sainte Famille, d'ap. N. Poussin. Avant toute lettre dans la marge, superbe.

710 — Saint Jérôme dans sa grotte regardant avec un lorgnon. Avant toute lettre dans la marge.

711 — Thèse. Minerve créant l'olivier, et Neptune le cheval, sur une draperie. Belle pièce, d'ap. Le Brun.

712 — Tête du Christ, d'ap. Le Brun.

713 — Jeune fille repoussant l'amour d'un vieux. — Jeune fille, costume de bal. 2 p., d'ap. Courtin.

714 **Rousselet** (G.). Saint Bruno en extase.

715 — Sainte Famille, avec sainte Élisabeth et saint Jean.

716 — Sainte Famille, en hauteur.

717 — Sainte Madeleine. Ces 4 p. sont d'ap. Le Brun.

718 **Scotin** (G.). La Sérénade italienne, d'ap. A. Watteau.

719 **Stephanus** (Étienne de Laulne). Allégorie. Petite
    pièce d'ornement. Vénus et l'Amour.

720 — Martyre de sainte Félicité. — Jason et la Toison
    d'or. — Hercule et les chevaux de Cadmus. 3 p.

721 — Combats de cavaliers et de fantassins, de femmes,
    de sauvages, d'hommes contre des animaux. 5 p. en
    forme de frises.

722 — Saint Paul, d'ap. J. Cousin. Belle composition.

723 — Les Mois de l'année, sujets de la Genèse et autres.
    24 p., remargées.

724 **Stella** (Claudia). La Main-chaude. — La Fenaison.
    2 p., d'ap. J. Stella.

725 **Thomassin** (Ph.). Statue de Voûte, d'ap. Michel
    Ange, au Vatican.

726 **Vauquier**. Chasteté de Joseph. Rond entre deux
    rinceaux d'ornements et d'amours, remargé.

727 **Vouet** (Simon). Son portrait, gravé par F. Perrier.

728 — Sainte Famille à l'oiseau. La seule pièce du maître.

729 **Woeriot** (P.). Bénédiction de Jacob. R. D. 11. Moi-
    tié de l'estampe ; c'est le côté droit où se trouve la
    composition, remargée.

730 — Garniture d'épée et de couteau de chasse. R. D.
    379. Superbe, cab. R. Duménil.

ÉCOLE FRANÇAISE, XVIIIᵉ SIÈCLE

731 **Aliamet**. Vue de Marseille, d'ap. J. Vernet. Avant
    la lettre.

732 **Alix**, né à Honfleur. Paysage avec animaux. Le nom
    d'artiste à la pointe.

733 **Anselin**. La Coquette de village, d'ap. Saint-Quen-
    tin. Toute marge, magnifique ép.

734 **Avril** (J.-J.). Nymphes au bain, surprises par des sa-
    tyres, d'ap. l'Albane. Ep. d'artiste, les noms à la
    pointe.

735 **Bachelier** (D'ap.). Chien bichon noir accourant ca-
resser une jolie chienne blanche attachée à une haie
d'églantier.

736 **Balechou.** La Tempête, d'ap. J. Vernet. Magnifique
ép. avec les armes et les noms d'artistes seulement
ajoutés au bas par une planche de rapport.

737 — Les Baigneuses, d'ap. J. Vernet. Sup. ép. avec les
noms d'artistes seulement.

738 — Sainte Geneviève, patronne de Paris, d'ap. C. Vanloo.
Magnifique ép. avant les raies et avant le jupon ral-
longé.

739 — L'Enfance, d'ap. d'André Bardon, un Professeur
ecclésiastique, enseignant et châtiant.

740 **Baquoy** (C.), et **Patas**, 1777. Les petits Parrains,
d'après Moreau le jeune, 1776, n° 18 du costume phy
sique et moral. 1re ép. avec A. P. D. R.

741 **Bartsch** (Adam). Fuite en Égypte. Avant toute
lettre, toute marge.

742 — Enfant laissant échapper son oiseau, d'ap. Guerchin.
Remargé.

743 **Basan** (F.). La Guinguette, divertissement-panto-
mime du théâtre Italien, d'ap. G. de Saint-Aubin.

744 — Satyre jouant de la flûte près d'une bacchante.
Avant la lettre, d'ap. Raoux, sup. ép., marge.

745 — Le Plaisir des vieillards. — Les Apprêts militaires.
2 p., d'ap. Téniers.

746 — Vue de Harlem, d'ap. Dalen. — Cavaliers en ma-
raude, d'ap. Wouvermans. 2 p.

747 **Beauvarlet.** Enlèvement d'Europe, d'ap. Luc. Jor-
dans. Sup. ép.

748 **Benoist** (Anth.). Bataille et prise d'Oczakow
en 1737.

749 **Birmann.** Vue de Taormine pour l'ouvrage de Sicile d'Osterwald. Ép. coloriée, imitation parfaite d'a-
quarelle.

750 **Blot.** Jeune mère hollandaise assise près du berceau de son enfant, d'ap. P. de Hooge.

751 **Boissieu** (J.-J. de). Son portrait, par lui-même, tenant le portrait de sa femme. 1ʳᵉ ép. avant le paysage qui a été mis à la place.

752 — L'Aumône. Rigal (16). Ép. sur Chine volant.

753 — Le Petit maître d'école. R. 18. 1ʳᵉ et très-rare ép. d'eau-forte pure avant le second point à la suite de D. B:

754 — L'Aumône. — Le petit Maître d'école. Avec la manière noire, 2 p.

755 — L'Entrée de forêt. R. 72. Avant les coins et avant l'astérisque.

756 — L'Anesse et l'Anon. — Le Chasseur, et autres paysages. 4 p.

757 — Paysage au dessinateur. — Le Jeu de boules. — Saint Andéols. 3 p.

758 **Boucher** (François). Pierrot, Léandre, Femme assise, Paysan assis. 4 p., d'ap. Watteau. 1ʳᵉˢ ép. avec différences. Les mêmes états postérieurs avec numéros et fonds. 8 p. Cab. de Véze.

759 **Chataigner.** Sujets à l'eau-forte et terminés, tirés du Musée Filhol. 3 p.

760 **Chenu** (P.). Le Bon accord, d'ap. Téniers.

761 **Claessens** (L.-Ant.). Le Rieur, d'ap. Hals. Superbe ép. d'artiste avant toute lettre. Marge.

762 — Portrait de F. Boll, d'ap. lui-même. Toute marge.

763 **Claussin** (Chevalier de), ex-garde de la porte du roi Louis XVIII. L'Enfant Prodigue, eau-forte, d'ap. un dessin de Rembrandt de son cabinet.

764 **Cochin** (Charles). Alexandre et Roxane, d'après le dessin de Raphaël du cabinet Crozat.

765 **Cochin** (N.). Camp volant, d'ap. Watteau.

766 **Couet** (Mᵐᵉ), née Baquoy. La Leçon de chant, d'ap. Terburg. Ép chine avant la lettre, pour Filhol.

767 — L'Évanouissement de la Vierge, d'ap. An. Carrache.
Toute marge.

768 **Daubigni** (J.) vers 1800, maître non mentionné.
Coucher du soleil, petite eau-forte très-rare, cabinet
Robelot.

769 **Daullé** (J.) 1750. Les Amours en gayeté, d'après F.
Boucher. Superbe ép., grande marge.

770 — L'Enfant qui joue avec l'Amour, d'ap. Van Dyck.
Superbe ép., grande marge.

771 — 1758. Vénus et l'Amour, d'ap. le dessin de Boucher.
Charmante pièce très-rare. Superbe ép., grande marge.

772 — La Riboteuse hollandaise, d'ap. Metzu. Ép. avant
toute lette, marge.

773 **Debucourt**. Passez, payez, d'ap. C. Vernet : une Rue
de Paris après un orage, manière noire.

774 **De Launay** (R.). La Reconnaissance de Fonrose,
d'ap. Et. Aubry.

775 **De Launay** (N.). Vignettes, d'ap. Moreau, et sujets
orientaux, d'ap. Conti. 4 p.

776 **Demarteau**. Vénus et l'Amour, d'ap. Boucher, magnifique fac-simile sanguine, marge.

777 — Lycurgue blessé dans une sédition. Magnifique fac-
simile sanguine, d'ap. Cochin. Ép avant toute lettre,
toute marge avant la planche rognée.

778 **Denon** (Vivant). Son portrait par lui-même, d'après
Isabey. Grand in-4, toute marge.

779 — L'Adoration des Bergers, d'ap. Maes. Ép. avec le
cachet.

780 — Jeune femme lisant près de sa mère qui berce l'enfant, d'ap. Rembrandt. Effet de lumière.

781 — Diverses eaux-fortes, d'ap. Durer, Claude Lorrain.
Parmesan, Raphaël, etc. 7 p.

782 **Dietricy**. Le Rémouleur, 1er état avec le grand chapeau avant la plume, marge.

783 — Les Musiciens ambulants, d'ap. Ostade, 1er état
avec les barbes, marge.

784 **Dubourg** (M.). Vue intérieure de l'église Cranbrook,
Kent, manière noire d'ap. Dearn.

785 **Duflos**. Épagneul, Chien d'arrêt, 2 p. d'ap. Oudry.
Sup. ép. avant toute lettre.

786 **Eisen** (F.). Jésus dit à Simon Pierre, d'ap. Rubens.

787 **Errard** (d'ap. C.). Vase dans le jardin Borghèse à
Rome.

788 **Félix** (A.). Le Petit Méchant, d'ap. Courtin.

789 **Ferand**. Portrait de Dambrêmez, astrologue et gueux
de profession, né à Nivelle, d'ap. Téniers, marge.

790 **Feuchères**. Cartouche entouré d'ornements et
d'Amours.

791 **Flipart** le jeune. L'Oiseau privé, d'ap. Boucher, toute
marge.

792 — L'Espagnolette, d'ap. Caresme, toute marge.

793 **Fragonard** (Jean-Honoré). Son portrait, par C. Le
Carpentier, extrêmement rare. Magnifique ép. cabinet
de Vèze.

794 — L'Armoire, grande et belle eau-forte. Pièce capitale
du maître, 1778.

795 **Fragonard**, del. et sculp. Titre de choix de vues à
l'eau-forte.

796 **Garreau** (L.), 1788. Joueur de vielle à table souriant
à la servante qui apporte à boire.

797 **Germain**, 1775, à Neuilly. La petite Tombe, d'après
Rembrandt. — Les Joueurs de cartes, d'ap. Ostade. —
Grande réunion de têtes grotesques, 3 p., pourront être
divisées.

798 — Trois petits sujets religieux, trois paysages, marines.
6 p.

799 **Gessner** (S.). Idylle, quatre nymphes au bain, marge.

800 **Hagedorn** (C.-L). Son portrait, pet. fol., par Bause,
1774.

801 — Paysages à l'eau-forte. 3 p.

802 **Malbou** (L.), 1764. La Musicienne des Alpes, d'ap. Schenau.

803 **Helman** (J.-St.). Le Charlatan allemand, d'ap. Bertaux, 1776.

804 — L'Accord parfait, d'après Moreau le jeune, tiré du Cost. physique et moral. Ép. avec A. P. D. R.

805 — Le Marchand de Lunettes, d'ap. Le Prince. Magnifique ép,, toute marge.

806 **Hutin.** Saint André, saint Jacques majeur et mineur : trois apôtres.

807 **Ingouf** junior. L'Écurie souterraine, d'ap. Casanova.

808 **Jeaurat.** L'Huitre et les Plaideurs, fable de La Fontaine, grand in-4. Sup. ép., 1733.

809 — Le Dessin, d'ap. S. Le Clerc, 1734.

810 — Entrevue de Louis XIV et de Philippe IV dans l'île des Faisans, d'ap. Lebrun.

811 **Johannot** (Alfred). Ourika, d'ap. Gérard. Avant la lettre. — Clotilde. 2 p.

812 **Kauffman** (M. Angelica), 1770. Son portrait de profil sous la figure d'Hébé. Eau-forte.

813 — Son portrait, appuyée sur un livre. Superbe eauforte terminée de manière noire, imp. en bistre, marge.

814 — Mère tenant son enfant, 1763. 1ᵉʳ état. — Renaud et Armide en bistre. 2 p.

815 **Lantara** *dess. et grav.*, *1785*. Paysage avec pont de pierre à deux arches, dans un rond. Rare.

816 **Le Bas** (J.-Ph.), *inv. et fecit*, 1753. La Marchande de beignets. Charmante composition, marge.

817 — D'ap. Monnet. — La Gravure occupée à tracer les événements de l'histoire. In-4.

818 — D'ap. Berghem. Satyres et Driades. Superbe ép. avant la lettre.

819 — Le Retour à la Ferme. Très-grande p. avant toute lettre.

820 — D'ap. Hondius. Orphée charmant les animaux.

821 — Les Vivandières, d'ap. Vouvermans. — Le Déclin
du jour, d'ap. V. de Velde et autres. 4 p.

822 — D'ap. Téniers. Pense-t-il à la musique ? la Vue, les
Joueurs de boules, saint Antoine, Fête de village, Château de Téniers, 7 p.

823 — La Femme jalouse. Remargé.

824 — La Basse-cour. Avant toute lettre.

825 **Le Beau**. La Pièce curieuse, d'ap. Lunaud.

826 **Le Grand** (A.) junior. La Petite Nannette, d'après
Greuze. Superbe ép. Très-rare.

827 **Lemire** (L.-A.). La Parade, sujet grotesque de singes
avec 8 vers. Rare.

828 **Lemire** (Noel). Hercule et Omphale avant toute lettre.
— Vénus entourée d'Amours occupés de sa toilette,
d'ap. Eisen. 2 p. in-8.

829 **Lépicié**, 1739. La Gouvernante, d'ap. Chardin.

830 — Jupiter et Nymphe chasseresse, d'ap. Jules Romain.
Avant toute lettre.

831 **Lépicié** (Mᵐᵉ Renée-Élisabeth Marlié). Le Feu, la
Terre, 2 sujets d'enfants espiègles, d'ap. Jeaurat ; grande
marge.

832 **Le Vasseur** (J.-C.). Saint Georges, le pied sur le
dragon qu'il vient de terrasser, donne à la princesse le
ruban avec lequel il l'a attaché ; allégorie de Charles Iᵉʳ
et Henriette. Magnifique ép. avant toute lettre, grande
marge.

 Dans les ép. avec la lettre il y a une explication historique sur
saint Georges, et le tableau est attribué à D. Teniers, il serait sorti
de son genre, car la composition est digne de Rubens.

833 **Le Veau**. Le Corps de garde, d'ap. Le Prince. Ép.
avant les lignes de dédicace.

834 **Loutherbourg** (J.-P.). La Petite Sœur, Tranquillité
champêtre. 2 p. 1ᵉʳ état.

835 **Major**. Le Marchand d'orviétan, le Barbier de village. 2 p., d'après Téniers. Toute marge.

836 **Marcenay** (A. de). La Dame aux perles. Superbe ép. avant toute lettre avec le paysage au bas.

837 — Combat de cavaliers, d'ap. Parocel. Sup. ép. avant la lettre et les armes.

838 **Martini et Lebas**. Escarmouche de cavalerie, d'ap. Wouvermans. Sup. ép. avant la lettre, marge.

839 **Mathieu** (J.). Moulin à eau, d'ap. Ruysdael, marge.

840 **Michel**. Vénus entrant au bain, d'ap. Boucher. Sup. épreuve.

841 **Moitte**. Savoyarde de Lanebourg, d'ap. Greuze.

842 **Moreau** le jeune. Repas des rosières et du curé, le Peintre amoureux de son modèle. 2 p. in-8.

843 — Fondation pour marier dix filles renouvelée en 1761, d'ap. Gravelot. Sup. ép.

844 — (D'après) Pygmalion. Annonciation, etc. 5 vignettes avant la lettre.

845 **Moyreau**. Le Vin de l'étrier, d'ap. Wouvermans.

846 **Ozanne** (N.). Combat de Saint-Cast gagné sur les Anglais par les troupes et nobles de Bretagne, 1758.

847 **Ozanne** (Joanna Francesca et Maria Francesca). Première et deuxième vue de Livourne, d'ap. J. Vernet. 2 p.

848 — Les Vivandiers, d'ap. Vouvermans. Avant la lettre.

849 — Vues de Paris, place Louis XV, Entrées des Tuileries du côté du pont Tournant et au pont Royal. Cinq charmantes petites pièces. Rares.

850 — Première vue des côtes de Bretagne. — Vue d'une partie de la ville et du port de Calais, etc. 3 p.

851 **Petit**. Les Charmes de la conversation, d'ap. Lancret. Magnifique ép.

852 **Picart** (Bernart). Costumes et vignettes pour l'Iliade et autres. 12 p.

853 — Vénus et l'Amour, — l'Amour et Psyché. 2 très-petites pièces ovales pour tabatières.

854 — Titre la République de Hollande et sujets, d'après Rembrandt et autres. 6 p.

855 — Les Arts et la Religion. — Descartes, suivi de savants, voit la Vérité que le temps découvre. — Allégories, fins de pages. 5 p.

856 — Massacre des Innocents. Sup. ép. cabinet Debois.

857 — D'après Maratte. L'Amour, le Temps et les Saisons faisant passer le fleuve de la vie.

858 — D'après N. Poussin. Satyre et Nymphe endormie. Ép., grande marge.

859 **Pillement**. Paysages et marine. 4 p.

860 **Plonski** (M.) 1801. Buste de femme extrêmement rare, collection Reynolds 1806. Sup. ép.

861 — Marchand de paniers, Chevalier, etc. 3 p.

862 **Prevost**. Jeune berger apportant un bouquet à une jeune fille près de son père, d'ap. Moreau le jeune. Avant la lettre. In-8.

863 **Reville**. Porte de ville, monument curieux égyptien. 3 p.

864 **Roger** (B.). La Grotte, d'ap. Prudhon. In-2. Superbe ép. avec la tablette. Rare.

865 — Aminta. — Abrocome et Anzia. 2 p. d'ap. Prudhon. Mère et son Enfant, d'ap. Fragonard. 3 p. in-8.

866 **Rosaspina** (F.). Charitas, d'ap. Carrache, rond sanguine. Sup. ép.

867 **Sablet** (J.), 1786. Hommes et Femmes, la plupart en prières. 6 p. toute marge, cab. de Vèze.

868 **Saint-Non**, 1755. Son portrait, il regarde une estampe que tient un petit marchand ; la scène se voit par une fenêtre entourée de vigne ; d'ap. Wille. Rare. Junon et la Douceur, d'ap. Raphaël. 2 p.

869 **Sarrazin**. Église de village, Parc et autres paysages à l'eau-forte. 4 p.

870 **Sauvan** (Ph.), peintre d'Avignon. Les cinq Gueux chantant et jouant de la musique. R. D. 5. extrêmement rare ; M. R. Dumesnil dit que cette p. manque même à la Bibliothèque.

871 **Schmidt**, d'ap. Lancret. Le Jeu de cache-cache mitoulas. — Le Jeu des quatre coins. 2 p. magnifiques, ép. marge. Jacobi 100 et 101 ; gravées sous le nom de Larmessin.

872 **Surugue**. L'Hiver, superbe. — L'Entretien, 2 p., d'ap. Téniers.

873 **Tardieu** (N.). Naissance d'Énée, d'ap. Cotelle ; le tableau est à Saint-Cloud, chez M. le duc d'Orléans.

874 — La Madeleine, la Vierge et saint Jean aux pieds du Christ mourant sur la croix, d'ap. Le Brun.

875 **Tardieu** (P.-F.). Bas-reliefs, Naufrage près Nieuport, Prince nègre. 3 p.

876 **Voyez** (N.). Mère et Enfant, tiré de la famille de Darius, d'ap. Le Brun. Ép. d'artiste, remargée.

877 **Voyez** (F.) le jeune. La Marchande de Plaisirs, d'ap. Kraus.

878 **Watteau** (Antoine). Son portrait dans un jardin et quittant sa peinture pour entendre les sons de violoncelle de son ami M. de Julienne. Sup ép. par Tardieu.

879 — Les Cinq acteurs de la comédie italienne. Sup. ép. *retouchée au burin par Simonneau l'aîné*, chez Sirois, marge. Belle eau-forte du maître.

880 — L'Homme accoudé. R. D. 1. 1re ép. avant *Watteau inv. et fecit*.

881 — La Femme marchant à gauche. R. D. 5, marge.

882 **Wille** (J.-G.). Son portrait, par P.-C. Ingouf, 1771. Profil d'ap. Wille fils. In-4.

883 — La Vieille femme de Normandie. — Sœur de la
Vieille femme de Normandie. 2 p. Magnifiques ép.
avant toute lettre, marge.

884 — L'Observateur distrait. Superbe ép., marge, d'ap.
Mieris.

ÉCOLE ANGLAISE

885 **Vignettes anglaises.** Agar Ellis, d'ap. Lawrence;
les Pèlerines, d'ap. Wilkie; François Ier et sa sœur, d'ap.
Bonnington, et autres, d'ap. Smirke, Stephanoff, Tur-
ner, etc. 18 sujets papier de Chine avant la lettre, grand
papier.

886 — Spanish Princesse, reading the new, d'ap. Wilkie,
Lowe; Vues, d'ap. Turner, etc. 25 p. sur chine et sur
blanc, plusieurs *proof*, grand papier.

887 **Anonyme.** Le Dernier souper ou la Cène. Manière
noire, remargé.

888 **Bazire**, etc. Fac-simile, d'ap. Guerchin. 4 p.

889 **Beckett** (J.). Femme cherchant ses puces. Manière
noire, d'ap. Smith, avant la lettre.

890 **Bromley** (J.). Rural amusement. Manière noire,
d'ap. Lawrence. Ép. avec dédicace par Colnaghi.

891 **Burke** (Th.). Cupid and Aglaia. — Jupiter sous la
figure de Diane et Calisto. 2 p. d'ap. A. Kaufman.

892 **Clarke** (J.). Mill aux chèvres, couleur. — Tombeau.
2 p.

893 **Cousins** (Samuel), 1827. Master Lambton, d'après
Lawrence. Manière noire, toute marge.

894 **Dickinson** (W.). L'Exemple des mères. Pièce ronde
en bistre avant la lettre.

895 **Doo** (Georges T.). The fair Forester (la Belle du Bois),
d'ap. Wyatt, élève de Lawrence. Ép. d'artiste, chine;
les noms à la pointe, signée par le graveur.

896 — Nature, d'ap. Lawrence. Ép. Chine, lettre grise.

897 **Earlom** (R.). Alope, d'ap. G. Romney.

893 **Elliot** (W.). L'Entrée du Bois, d'aprè. Pillement, remargé.

899 **Fergusson**. Cromwel, d'ap. West, lettre grise.

900 **Houston** et Chatelain. Paysage, abreuvoir.

901 — La Mère de Rembrandt plumant un coq. Superbe, manière noire.

902 **Kirkal**. Combat maritime, d'ap. Van de Velde, en bleu.

903 **Major** (Th.). Passe-temps flamand, d'après Téniers.

904 **Peack**. Première et deuxième vue de petite ferme; d'ap. Pillement. 2 p.

905 **Pether** (W.). L'Académie de dessin d'après la bosse, d'ap. J. Wright. Magnifique manière noire.

906 **Platt**, d'après Jordaens. Le Risible Concert.

907 **Read**. Portrait de la femme de Rembrandt. Superbe, manière noire, avant la lettre.

908 **Robinson**. Le Petit Chaperon Rouge, d'ap. Lawrence. Ép. d'artiste, chine, les noms à la pointe.

909 **Ryland** (W.). Artémise ornant de fleurs le tombeau de son époux, d'ap. A. Kaufman. Sanguine.

910 **Sherwin**, Sainte Famille, d'ap. N. Poussin. Épreuve d'artiste, le nom de *Sherwin*, 1777, seul à la pointe.

911 **Smith** (J.), 1704. Vierge, Jésus et saint Jean, d'après Baroche. Première épreuve avec l'index de la main gauche plus long que le doigt du milieu.

912 **Smith** (J.-R.), 1785. Society in solitude : dame lisant.

913 **Spooner**. Le Tailleur de plumes, d'ap. Rembrandt.

914 **Strange** (Robert). Le Christ apparaissant à sa mère après sa résurrection, d'ap. Guerchin. Magnifique ép. grande marge.

915 — Cupidon dormant. Remargé. — Joseph et la femme de Putiphar. 2 p., d'ap. le Guide.

916 **Tillemans**. Course de New-Market. Remargé.

917 **Watson.** Bustes de dames en jolis costumes, d'après
Gardner. Ovale en bistre. 2 p.

918 **Worlidge.** Homme ouvrant un livre, d'ap. Rembrandt. Belle eau-forte. Remargé.

ESTAMPES MODERNES.

919 **Alès.** Baigneuses. Épreuve sur chine. In-4, Marge.

920 **Anderloni.** Vierge et Jésus adorés par deux Anges,
d'ap. Titien, avant la lettre. Toute marge.

921 **Burdet.** La bataille de Fontenoy, d'ap. H. Vernet.
Ép. d'artiste avant toute lettre, chine. Signée *Gavard*.

922 **Conquy.** La jeune mère napolitaine, d'ap. H. Vernet.
Ép. avant toute lettre. Toute marge.

923 **Desnoyers** (Baron Boucher). François Ier et sa sœur
Marguerite de Navarre, *souvent femme varie, bien fol est
qui s'y fie.* Ép. lettre grise, a été encadrée.

924 — La Vierge de la maison d'Albe, d'ap. *Raphaël.* Ép.
chine avant le linge, lettre grise, toute marge.

925 — Eliézer et Rébecca, d'ap. N. Poussin. Épreuve lettre
grise, toute marge.

926 — Bélisaire — Homère, par Massard. 2 p. d'ap. Gérard,
lettre grise.

927 **Dunouy.** Son œuvre de paysages à l'eau-forte. 31 p.
et son portrait, par Dupré. In-4, d.-rel.

928 **Dupont** (Henriquel). Le comte de Strafford marchant
au supplice reçoit la bénédiction, d'ap. P. Delaroche.
Ep. avant la lettre, toute marge.

929 **Forster** (F.). Didon, d'ap. *Guérin.* Ép., lettre grise,
sur chine (n. 40), toute marge.

930 — La Vierge de la maison d'Orléans. Ép. avant la lettre
(n. 22), toute marge.

931 **Girardet** (Abraham). Son portrait avant et avec la
la lettre, in-4, par P. Adam. — Vénus sur les nuages,
in-8. Chine. — Mort du duc de Berry, avant la lettre.
Chine. 4 p.

932 **Godefroy** (J.). 1813. Bataille d'Austerlitz, d'après le baron Gérard. Très-belle ép. sur chine, portant (n. 11) toute marge.

933 **Guérin** (Pierre). Son portrait, lithographié par Léon Coignet. — Autre par Jourdy, avec ton par Boilly. — Apollon couronnant un tombeau. Eau-forte rare. 4 p.

934 **Hédouin** (Ed.). Le Mot d'ordre, d'après Ad. Leleu. Cette pièce est un des chefs-d'œuvre de l'eau-forte moderne.

935 **Ingouf** le jeune, 1786. Les Canadiens au tombeau de leurs enfants, d'après Le Barbier aîné. Epreuve d'artiste avant la lettre, les noms à la pointe.

936 **Jazet**. L'atelier d'Horace Vernet. Sup. ép. avant la lettre, toute marge.

937 — Passage du pont d'Arcole, d'ap. *H. Vernet*. Sup. ép. avant la lettre, toute marge.

938 — Le général Clary chargeant des cosaques, d'après *H. Vernet*. Sup. épreuve avant la lettre, toute marge.

939 **Lecomte** (Narcisse). Sixte-Quint, d'ap. Schnetz. Ép. lettre grise sur chine *unique*, avec 1832 ayant été changé en 1833.

940 **Leroux**. La Vierge du musée de Parme, d'après le Corrège. Ép. lettre grise (n. 107), toute marge.

941 **Masquelier** (Claude-Louis). La Vierge du palais Colonne, d'ap. Raphaël. Ép. avant la lettre, chine, toute marge.

942 **Massard** (J.-B.-Raphaël-Urbain). Sainte Cécile, d'ap. Raphaël, avant la lettre. A été encadrée.

943 — Atala, d'ap. Girodet. Ep. avant la lettre, sur chine, toute marge.

944 **Mercuri** (P.), 1837. Sainte Amélie, d'après P. Delaroche. Lettre grise sur chine avant *Reine de Hongrie*.

945 **Morghen** (Raphaël). Sainte Madeleine en prière. Ep. avant toute lettre, a été encadrée. Marge.

946 — Parce somnum rumpere, Vierge et Jésus endormi, d'après Titien. Ep. lettre grise sur chine. Marge.

947 — Jeanne d'Aragon, d'ap. Raphaël, avant toute lettre· sur chine. Toute marge.

948 — Moncade à cheval, d'ap. Van Dyck. Lettre grise, avant les contre-tailles sur la cuirasse ; a été encadrée.

949 **Pavon** (Ignace). La Vierge au donataire, d'après *Raphaël.* Sup. ép. avant la lettre, toute marge.

950 **Porporati**. Garde à vous, d'ap Ang. Kauffman. Ép. avant les lignes de dédicace ; a été encadré.

951 **Prevost** (Z.). Les Moissonneurs dans les Marais Pontins. — Le Retour de la fête de la madone de l'Arc, d'ap. Léopold Robert. Deux superbes épreuves signées, avant la lettre sur chine, toute marge.

952 **Prudhomme** (H.). Les Enfants d'Édouard. d'après *Paul Delaroche.* Sup. ép. avant la lettre, sur chine (n. 41). Toute marge.

953 **Reindel** (Albert), 1844. Vierge et Jésus, d'ap. Léonard de Vinci. Epreuve d'artiste, les noms à la pointe. Toute marge.

954 **Richomme** (J.-Th.). La Vierge au livre, d'après Raphaël. Épreuve d'artiste sur chine (n. 4), avec la remarque de la plante à l'eau-forte au coin gauche en bas.

955 — Triomphe de Galathée, d'ap. Raphaël. Lettre grise, les noms d'artistes à la pointe. Toute marge.

956 — Andromaque, d'ap. *Guérin.* Sup. ép. Lettre grise, chine. Toute marge.

957 **Toschi** (P.). Entrée d'Henri IV dans Paris, d'après le baron Gérard. Sup. ép. avant la lettre. Toute marge.

958 **Volpato** (Jean). Les chambres ou voûtes du Vatican, d'après Raphaël, avant la lettre. Rares. — L'Incendie du bourg. — Le Parnasse. — Saint Pierre délivré de prison. — L'école d'Athènes. — La Dispute du Saint-Sacrement. — Héliodore chassé du temple. — Attila arrêté par la vision de saint Pierre et saint Paul. — La Messe, gravé par R. Morghen. 8 p.

959 **Volpato.** Vierge et Jésus, d'ap. Bartolomé de Saint-Marc. Marge.

960 — L'Hiver, d'après Maggiotto.

961 **Wismes** (baron O. de), 1851. Vue prise rue du Musée, à Nantes. Superbe épreuve chine, avec dédicace de l'auteur.

LITHOGRAPHIES

962 Lithographies de l'Album 1823, par Grevedon, Coupin, Delorme, Mauzaisse, Fragonard. 6 p. avant la lettre grand papier. — Le Berger écossais, ép. chine, d'ap. H. Vernet. En tout 7 p.

963 **Aubry-le-Comte.** Maisons de Michel-Ange et du Tasse, d'ap. Dejuine. Sup. ép. chine avant la lettre. 2 p.

964 — Odalisque, d'ap. Girodet. Ép. chine.

965 — Ariadne abandonnée. — Le Sommeil d'Erigone. 2 p avant la lettre, sur chine, *Aubry-le-Comte et Girodet Trioson delineaverunt.* 2 p.

966 **Charlet.** Son portrait par lui même, de profil, au vernis mou. — Lithog. par son ami Dupré. Ep. Chine. — Profil, par Julien. Ep. chine.

967 — Sujets où Charlet se trouve représenté. N^{os} du catalogue de Lacombe 605, 683, 809, 948, par Raffet. Vous qui avez fait les portraits de nos pères. 5 p.

968 — Sujets sur papier blanc. N°s 545, 600, 685, 687, 727, 736, 745, 751, 803. 9 p.

969 — Sujets sur chine. N°s 599, 601, 645. Croquis à l'encre et au lavis, 708, 710, 713, 714, 720 et 724, sur blanc. Rare. 9 p.

970 — Eaux-fortes, vernis mou. N°s 1, 3, 7, 8, 9, 11, 12, 13, 14, 16, 20, 22. — 12 p.

971 — Eaux-fortes : Vieux garde-chasse. — Petit Enfant sur un cheval. — Invalide tenant une lance. — Paysan assis près d'une table. 4 p.

972 **Dassy**. Héro et Léandre. 2 p. d'ap. Girodet, avec les
titres en grec. Sup. ép.

973 **Delacroix** (Eugène). Hamlet. — Jane Shore. 2 p.
Lithog. chine superbe.

974 **Deroy**. Les Rives de la Seine. 37 lithog. chine. Carte
et titre dans son portefeuille.

975 — Les Rives de la Loire. 50 lithog. chine, et carte dans
son portefeuille.

976 **Deveria**. L'Enfant Jésus. 12 sujets lithog.

977 — L'Ange gardien. 6 p. lithog. in-fol.

978 — Mauprat, roman de G. Sand. 6 p. lithog. in-fol.

979 **Felon** (Joseph). Son portrait à mi-corps. Lithog.

980 — Vénus sortant de la mer. — Les Amants landais. —
Alarme. — Hésitation. — L'Entrée au bain. — L'Épine.
— Le Cygne. 6 p. Sera divisé.

981 **Fielding** (Newton). Animals. Lithog. Paris, 1829.
12 p. Ep. sur chine.

982 **Gericault**. Son portrait, lithog. par Touillon. —
Cheval mort. — Postillon chez Mme Hullin. — Lara
avant la lettre. — Cheval anglais. — Cauchois. — Ma-
zeppa. 7 p. Pourra être divisé.

983 **Grenier**. Album de douze lithog., sujets divers. —
Douze sujets de chasse au tir, 1831 ; en tout 24 p. sur
chine. D.-rel. oblong.

984 **Madou**. Album de vingt-huit lithog. sur chine. D.-rel.
oblong.

985 **Roqueplan**. Album de douze sujets lithog. Epreuve
chine, 1831, avec le titre imprimé à part en plus de la
couverture.

986 **Vernet** (Carle). Cheval indien. — Chasseur abreuvant
ses chevaux. — Chevaux en liberté.

987 **Vernet** (Horace). Tiens ferme. — Petits, petits. —
Battue en plaine — et au bois. 4 p. avant la lettre,
grand papier.

988 — Départ pour la chasse. — Chasse au marais. — Lei-
cester. — Don Juan. — Marchand de poissons hollandais. — Chevaux de poste. — Bonne chance. — Ça
rapproche. — Après, là mes beaux. — Halali. — Qu^i
dort dine. — Chien de métier. — Coquin de temps. —
J'te vas descendre. — Gredin de sort. — Serment. —
Marchand d'esclaves. — Ecossais combattant. 18 p.
avant la lettre. Grand papier.

989 — Les Forçats. — Ce n'est pas un lapin. — Soldats
français instruisant les Grecs. — Combat d'un lancier
et d'un Turc, par Carle. 4 p. sur chine.

990 — Scène historique, Barcelone. — Les Fourrageurs.
— L'Apprenti cavalier. — Le Braconnier. — Garde fu-
retant à blanc. 5 p.

991 — Port de mer (18). — La Mine (33). — Attaque d'in-
fanterie (45). — Repos de chasseurs (82). Chevaux de
ferme (110). 5 p.

992 — Hussard à la porte d'une cantine. A la grâce de
Dieu.

993 Le Char de triomphe de l'empereur Maximilien.
4 grandes p. lithog., d'ap. Albert Durer.

RECUEILS

LIVRES A FIGURES

994 — Plans de Nantes. Amouroux, 1838-1849. Jouanne.
— Cartes de Bretagne, 1711-1771, Ogée. — Plan de
Harlem.

995 — La Bretagne et ses monuments. 50 vues lithog. et
texte in-fol., en 12 livraisons. Nantes, 1840.

996 — Galerie armoricaine : Costumes et vues de Bretagne,
lithog. par Lalaisse et Benoît. Loire-Inférieure, Mor-
bihan, Ille-et-Vilaine, Finistère, Côtes-du-Nord. 130 p.
avec texte. Exemplaire colorié, dans son portefeuille.

997 — Pornic et ses bains, album du baigneur. 7 lithog.
avec ton et texte, par Guilmin, médecin. In-4 oblong,
broché.

998 — Le Touriste, ou Souvenir de l'ouest de la France.
6 liv., 16 pl. et texte in-4. Nantes, 1844.

999 — La Vendée, par le baron de Wismes, 18; Loire-Inférieure, 6; Maine-et-Loire, 6; Deux-Sèvres, 10. En
tout 40 pl. et texte. In-fol. dans son portefeuille.

1000 — Le Maine et l'Anjou, par le baron de Wismes. 50
livraisons lithog avec ton et texte. In-fol. dans son portefeuille.

1001 — Angers pittoresque, par Tardif-Desvaux, lithog. par
Benoist d'Angers, avec texte. 9 livraisons. Epreuve sur
chine, avec le plan collé sur toile. Complet dans son
portefeuille.

1002 — Excursion sur les côtes et dans les ports de Normandie. 40 vues et texte in-fol. Ep., lettre grise, en
feuille. Exempl. de souscription dans son portefeuille,
publié par Osterwald.

1003 — Album du nouveau Bellevue, gravé par Himely et
Salathé. Ep. chine avec texte. 6 p. et titre. 1826.

1004 — Vues de Paris et de France, par Beaujean, publiées
par Osterwald. Epreuve avant la lettre avec texte.
79 p. in-4.

1005 — Voyage pittoresque dans les Pyrénées françaises,
par Melling, gravé par Piringer. 6 liv., 35 pl. et texte
in-fol. en feuilles.

1006 — Cinq planches dudit ouvrage, coloriées avec le plus
grand soin en imitation d'aquarelles.

1007 — Vues pittoresques de l'Ecosse. 40 planches lithogra-
phiées par Bonington et autres, d'après les dessins de
Pernot. Dans son portefeuille.

1008 — Views in Scotland drawn from nature by Nicholson.
23 pl. lithog. chine. Londres, 1828; in-fol. cart.

1009 — Description historique de la basilique de Superga. près Turin, avec texte, par M. Paroletti. 10 pl. In-fol· dans son carton. Turin, 1808.

1010 — Vues classiques de la Suisse, gravées par Winkler et autres d'après les dessins de Muller, avec texte par Zschokke. Paris, Lebrasseur, 1838. 72 vues. Ep. sur chine. Dans son portefeuille.

1011 — Vues de Suisse coloriées, imitation d'aquarelle : la Chute du Rhin, Constance, Zurich, Interlacken, Chapelle de Guillaume Tell, le Righi, Wetterhorn, Jungfrau, etc. 18 vues, publiées par Birmen, Fuessly, etc. Dans un portefeuille. Pourront être divisées.

1012 — Voyage pittoresque dans le duché de Bade, par le baron de Mortemart, lithog. d'après les dessins de Pernot. 24 p. et texte. In-4 dans son portefeuille. Paris, 1836.

1013 — Vues pittoresques, depuis Francfort jusqu'à Cologne, d'après les dessins du major Howen. Lithog. sur chine. 6 livraisons. 36 pl., carte et titre. In-fol. Complet. Paris, Engelmann, 1824. Dans son portefeuille.

1014 — Cours du Rhin de Mayence à Cologne. 24 vues et carte gravée en couleur, avec texte allemand. In-4. Londres, 1820, Ackermann. Broché.

1015 — Album : Voyage pittoresque sur la route de Fribourg par la forêt Noire, par L. Bleuler, à Schaffouse. 11 p. gravées. Ép. sur chine et titre.

1016 — Voyage pittoresque en Sicile, dédié à S. A. R. Mme la duchesse de Berry. *Exemplaire de souscription* (n° 260). Ep. avant la lettre, chine. 24 livraisons gr. in-fol., avec texte, publié par Ostervald. Dans deux portefeuilles aux initiales *D. L. J.*

1017 — Douze épreuves dudit ouvrage coloriées, imitation d'aquarelles, avec 2 ép. avant toute lettre, chine.

1018 — Iconographie grecque de Visconti. Planches, 58. In-fol., 1811, d.-rél. — Iconographie romaine. Planches, 17. In-fol., 1817, d.-rel.

1019 — Frise triomphale au palais du TE, à Mantoue, d'ap.
Jules Romain, gravé par Ant.-B. Stella. 25 p. avec
marge. Dans un portefeuille.

1020 — Notice sur Gérard Audran, par Vivant-Denon. 5 pl.
lithog. et eau-forte, avec couverture.

1021 — Galerie des peintres de Chabert. 22 livraisons in-fol.
en feuilles.

1022 — OEuvre du baron F. Gérard, sujets et portraits en
pied et en buste, gravés à l'eau-forte. Ouvrage complet. Ep. chine avant la lettre. 41 livraisons, planches
et texte. Dans un portefeuille.

1023 — OEuvre de Le Brun : son portrait, compositions de
l'Ancien et du Nouveau Testament, saint Charles Bor-
romée, saint Louis, la Madeleine, batailles d'Alexandre, par B. Audran; sujets mythologiques, par B. Picart. 51 p. Les Bains d'Apollon et le Tombeau de Ri-
chelieu. 7 p. En tout 58 p. réunies dans un vol. de
papier, d.-rel.

1024 — Quarante pièces recueillies pour compléter l'œuvre
ci-dessus.

1025 — Les illustres Français : Tableaux historiques des
grands hommes de la France, dédiés à Monsieur, par
Ponce, 1816. 56 pl. et le portrait de Louis XVI en
manteau, en tête. In-fol. cart.

1026 — Costumes des Pays-Bas. 4 liv. de 5 feuilles. Lithog.
coloriées. — Dix autres costumes gravés et lithog. coloriées. En tout 30 p.

1027 — Costumes de Portugal. 50 p. en bistre, avec texte
anglais et français. Dans un portefeuille.

1028 — Vie de Jésus-Christ, lithog. par Challamel, d'après
les dessins de Th. Fragonard, inspirés des anciens
maîtres. 21 pl. avec lettres en couleur rehaussées d'or.
In-4 cart.

PORTRAITS

1029 **Alix**. Baptiste aîné dans *Robert, chef de brigands,* avec scène au bas. Gravé, en couleur. Très-rare.

1030 **Ardel** (Mac). Georges et François, ducs de Buckin_gham, en pied, gravés en 1752, d'ap. le tableau de Van Dyck, au palais Kensington. Sup. ép. avant toute lettre. Marge.

1031 — Rubens et sa femme tenant son enfant en lisière, d'ap. lui-même. Sup. ép. Marge.

1032 **Audouin**. Charles X. — La duchesse de Berry. 2 portraits. In-fol., lettre grise, chine.

1033 — Duc et duchesse d'Angoulême. 2 p., lettre grise, blanc.

1034 **Audran** (C.). Favereau transporté au temple des Muses, allégorie-titre des Métamorphoses d'Ovide. Petit in-fol.

1035 **Audran** (Gérard). Romæ. Jordanus Hilling. Charmant portrait. Rare.

1036 **Audran** (J.). Coyzevox, sculpteur lyonnais. Ep. avant toute lettre.

1037 **Baillue**. Honoré d'Urfé, d'ap. Van Dyck. *Meyssens ex*

1038 **Baron**, 1760. Jean, comte de Nassau, et sa famille, d'ap. Van Dyck. Grand in-fol.

1039 **Bartolozzi**. Marie Stuart en pied et Jacques II enfant, d'ap. Fréd. Zuccheri. Ep. avant la lettre. Rare.

1040 **Bazin**. M. Helyot, conseiller à la cour des aides.

1041 — Mme Helyot, décédée en odeur de sainteté en 1682, gravé en 1683.

1042 — Mme Helyot tenant un Christ, gravé en 1688. Ces trois portraits in-4. Epreuves magnifiques. Grandes marges.

1043 **Beatrizet** (N.). Joannes Valverdus Hispanus entouré de squelettes et d'ossements, célèbre anatomiste. In-4. Rare.

1044 **Beauvarlet**. Molière, d'après S. Bourdon. In-fol. Avant la dédicace au bas, qui fut changée pour des vers.

1045 **Bein** (J.), 1834. Louis-Philippe Ier, d'ap. J. Guérin, dans un encadrement orné de Baltard. Ep. chine avant la lettre.

1046 **Bittheuser** (J.-P.). Auguste von Kotzebue. In-fol. Lettre grise.

1047 **Bloemaert** (C.). Columba de Tofaninis, de l'ordre de Saint-François. Grand in-4.

1048 **Bloteling** (A.). Constantin Huyghens. Superbe. Le titre est à la plume comme de la gravure.

1049 **Bolswert** (S.-A.). Sébastien Vrancx, peintre, d'ap. Van Dyck.

1050 **Boudan** (L.). Jean Le Fevre de Caumartin. In-4, sup. ép., toute marge.

1051 **Boydell** (J.). Le roi Charles Ier, d'ap. Van Dyck, en pied. Manière noire. In-fol.

1052 **Brebiette** (P.). François Quesnel, peintre. Petit in-4, en travers. Superbe.

1053 **Burnet** (John). Sir Walter Scott dans son cabinet, d'ap. Allan. Ép. Chine, lettre grise.

1054 **Calamatta**. Murillo, peintre. D'après lui-même.

1055 **Calamatta** (L.). Georges Sand ; *ad vivum del et sculp.* 1840, in-fol.

1056 -- S. A. R. le duc d'Orléans, d'ap. Ingres. Ép. sur Chine.

1057 **Campion de Tersan**. M. le prince Louis de Rohan Guemené, académicien, d'ap. Cochin, profil. In-4, toute marge.

1058 **Caron** (Adolphe). La duchesse de Berri et ses enfants. Ép. d'artiste Chine, les noms à la pointe

1059 **Cathelin**. Jean de La Bruyère, académicien. In-4, d'ap. Saint-Jean.

1060 **Chereau** (F.), 1719. Nicolas de Launay, directeur de la Monnaie, d'ap. Rigaud. In-fol.

1061 **Cipriani** (G.), sous la direction de Morghen. Joséphine de Lorraine, princesse de Carignan, in-4, d'ap. Laurent Pecheux, 1783. Remargé.

1062 **Cochin**, 1752. De Thubières, comte de Caylus, profil. In-4.

1063 **Collin** (R.), 1669. Siméon Macarius, abbé de Saint-Michel d Anvers. Petit in-fol., marge.

1064 **Copia**. Le Porte-drapeau de la fête civique (Chenard), d'ap. Boilly. 1er état avec les mots sur le drapeau.

1065 **Cossin** (L.). Jacques de Soleysel, sieur du Clapier et de la Bérardière, écuyer. Petit in-fol. Au bas est écrit : *Delcampe, qui a heüe la tête coupée.*

1066 **Dalen** (C. Van). Arétin, d'ap. Titien, ép. avant toute lettre. In-fol. Cabinet Verstolk de Soelen.

1067 — Charles II, roi d'Angleterre, d'ap. Nason. 1er état. Avant les couronnes sur la table.

1068 **Daullé** (J.). Jean Mariette. graveur et libraire, d'ap. Ant. Pesne. In-fol., 1747. On dit ce portrait gravé en partie par Wille.

1069 **David** (H.). Brice (Nicolas, Jean et Pierre). 3 p. in-4. Toute marge.

1070 — Charles Ier, roi d'Angleterre, à cheval. In-fol.

1071 — Anne Marie, reine d'Angleterre, à cheval. In-fol.

1072 — Gaston d'Orléans, à cheval. In-fol.

1073 — Marguerite de Lorraine, seconde femme de Gaston, à cheval. In fol.

 Ces quatre portraits équestres sont très-rares. *Leblond ex.*

1074 **Delff** (W.). Jean Stalpard. Grand in-4.

1075 **Denon**. L'abbé Zani découvrant l'épreuve de Maso Finiguerra. Clair-obscur à l'eau-forte à trois planches. In-4.

1076 **Desrochers** (E.). Marie, reine de la Grande-Bretagne, d'ap. Van der Werff. Petit in-fol.

1077 **Dien** (M. F.). M. G. A. L. Choiseul-Gouffier, pair de France, ministre, d'après Boilly. Petit in-fol., ép. d'artiste, Chine.

1078 **Drevet** (P.). Hip. de Bethune, évêque de Verdun, d'ap. Rigaud. In-fol.

1079 — M. André Felibien, historiographe, in-4, d'ap. Lebrun. Marge.

1080 — R. P. Alexandre Pini, de l'ordre de St-Dominique. Grand in-4. Marge.

1081 — Antoine Portail, sénateur, in-fol., d'ap. Tournière.

1082 — Marcellin Rolin, chanoine régulier, d'ap. du Fourneau. Grand in 4. Marge.

1083 **Drevet** (P. J.). Robert de Cotte, architecte, d'ap. Rigaud. In-fol. Remargé.

1084 — Adrienne Le Couvreur, actrice, d'ap. Ch. Coypel. 1er ép. avant l'*e* au mot *model*. Marge.

1085 **Duchange**. Charles de Lafosse, peintre, petit in-fol., d'ap. Rigaud.

1086 **Duflos** (Claude). Catherine de Gondy. In-4, marge.

1087 — Marin Mersenne des Minimes. In-4, marge.

1088 **Dupont** (Henriquel). Monseigneur de Latil, archev. de Reims. Ép. avant toute lettre, pour le sacre de Charles X.

1089 — Pierre Ier, le Grand, d'ap. P. Delaroche. Ép. Chine, lettre grise, toute marge.

1090 **Dyck** (A. Van). Erasme de Rotterdam. Eau-forte.

1091 **Earlom** (Richard). La Femme de Rubens et son fils touchant des raisins. Superbe ép. avant la lettre.

1992 **Edelinck** (G.). Jacques Blanchard, peintre. R. D. 154.

1093 Edelinck. Isabelle de Bragance, infante de Portugal, allégorie. Pièce rare. R. D. 160.

1094 — Philippe Collot, lithotriteur. R. D. 173.

1095 — Jean Curvo Semedo, médecin portugais. R. D. 176.

1096 — Claude Berbier du Metz, lieutenant-général de l'artillerie. R. D. 189.

1097 — Ferdinand, prince-évêque de Paderborn, en buste. 1er état. R. D. 202.

1098 — Le même personnage soutenu par la Sagesse et la Religion. 1er état, R. D. 203.

1099 — Henri Goltzius, peintre et graveur. R. D. 216.

1100 — Gebrand van Leeuwen, professeur à Amsterdam. 1er état, avant la lettre. Rare. R. D. 239. Cap. R. Duménil.

1101 — Statue équestre de Louis XIV entouré des grands hommes de son règne. R. D. 253.

1102 — Nicolas Rigault, garde de la Bibliothèque du roi. R. D. 304.

1103 — Gilles Sadeler, graveur. R. D. 305, petit in-fol.

1104 — Scevole de Sainte-Marthe, trésorier de France à Poitiers. R. D. 309.

1105 — Jacques Savary, conseiller. R. D. 314, 2e état, avant le cuivre réduit.

1106 — Abraham Teniers, peintre. R. D. 326. Cab. R. Duménil.

1107 — Jean Varin, tailleur général des monnaies de France. R. D. 333.

Tous ces portraits sont superbes ép. et avec marge.

1108 **Faber**. Lady Dorothy Boyle, en bistre. Remargé.

1109 **Ferdinand** (Louis). Nicolas Poussin, peintre.

1110 **Folkema** (J.). Jacoba ou Jacqueline de Bavière, comtesse de Hollande.

1111 — Jérôme de Bock, évêque de Harlem. Ép. avant la lettre.

1112 **Forster** (F.). Marmont, duc de Raguse, d'ap. Mune-
ret. Ép. lettre grise, sur Chine.

1113 — Raphaël à quinze ans, appuyé sur sa main.

1114 — Raphaël, d'après le dessin de Desnoyers. Ép. d'artiste avant la lettre, la tablette blanche, sur Chine
(n. 22). Toute marge.

1115 — Le même avant la lettre. La tablette ombrée, Chine.
Toute marge.

1116 **Fresne**. Louis de Lorraine, duc de Joyeuse. In-4,
superbe

1117 **Galle** (C.). Ferdinand, frère de Philippe, gouverneur
des Pays-Bas. Médaillon soutenu par des hommes en-
chaînés. In-4, marge.

1118 **Garavaglia**. Marie-Thérèse d'Autriche, princesse de
Savoie-Carignan, dessinée par Gozzini, d'ap. nature.
In-4, marge.

1119 **Garnier**. Charles X, d'ap. Gérard. Ép. d'artiste,
Chine ; les noms d'artistes à la pointe. Toute marge.

1120 **Garnier** (Hip.). Lola Montès, femme Neald, amie du
roi Louis de Bavière, d'après nature, par Jules Laure.
Manière noire, avant la lettre.

1121 **Gaucher**. A. P. A. de Piis, secrétaire du comte d'Artois, d'ap. François. Très-petit portrait. Superbe.

1122 **Gaultier** (Léonard). Titre des OEuvres de Ronsard,
surmonté de son portrait. Petit in-fol., cab. R. Dumesnil.

1123 **Golding** (R.). La princesse Charlotte d'Angleterre,
d'ap. Lawrence.

1124 **Goltzius** (H.). Guillaume Ier, comte de Nassau, dans
un encadrement d'ornements et d'emblèmes. B. 178.

1125 **Green** (Valentin). Mistress Green et son fils. Avant la
lettre, d'ap. Falconet.

1126 — Henri Danvers earl of Danby.

1127 — Georges Gordon, second marquis of Huntly.

1128 — Thomas Warton, frère de Philippe.

Ces trois portraits sont en pied, d'ap. Van Dyck, manière noire. Rares.

1129 **Gunst** (P. V.). Gérard Brandt, d'ap. Musscher. Avant toute lettre. Marge, in-4.

1130 — François Junius, peintre, d'ap. Van der Werff.

1131 — Samuel Pitiscus, antiquaire, d'ap. Hoet.

1132 — Hermann Witsius, docteur en théologie, d'ap. Hoet.

1133 **Heath**. Mrs. Siddons, célèbre actrice anglaise, en couleur, d'ap. Lawrence. Ovale grand in-8.

1134 **Heineken** (Ch. F. de), amateur d'estampes et auteur. Son portrait, gravé par lui-même, d'ap. Saint-Aubin. In-4.

1135 — Ch. H. de Heineken, son père, in-4, par Saint-Aubin.

Ces deux portraits sont rares.

1136 **Hesse**. La duchesse de Dino, nièce du prince de Talleyrand. Lithog. in-fol., d'ap. Gérard. Très-rare.

1137 **Hollar** (W.) 1611. Henriette-Marie, reine d'Angleterre. In-4, d'ap. Van Dyck.

1138 **Houbraken** (Jacques). Son portrait, in-4, tenant une planche de cuivre, dessiné par Pothoven *ad vivum*, 1769.

1139 — Nicolas Bacon, lord Keeper, garde des sceaux, d'ap. Fred. Zucchero.

1140 — Georges Villiers, duc de Buckingham, d'ap. Johnson, avec la scène de son assassinat au bas.

1141 — Henri Grave, amiral de Hollande, 1744, d'ap. Verkolie.

1142 — Pieter Corneliszoon Hooft, d'ap. Mirevelt.

1143 — Gustave-Guillaume Baron von Imoff, gouverneur général des Neerl. Indiæ, 1742, d'ap. Quinkhard.

1144 — Maurice, prince d'Orange, avec sa mort au bas. Sup. ép. avant toute lettre.

1145 — Princesse d'Orange en pied, avant toute lettre.

1146 — Petrus Scriverius, savant, d'ap. C. de Visscher. In-4, marge.

1147 **Muret** (Grégoire). Jacques Boyceau, écuyer, sieur de la Barauderie, intendant des jardins de Louis XIII et Louis XIV, auteur de plusieurs ouvrages, d'ap. de Vris.

1148 **Ingouf** jeune. Jean Jacques Flipart, graveur, profil. In 4, 1772.

1149 **Isabey** (J.). Mathieu de Montmorency. Ép Chine.

1150 **Jode** (P. de). Charles Ier, roi d'Angleterre. In-fol.

1151 — Henriette de France, reine d'Angleterre. In-fol.
  Ces deux portraits sont d'ap. Van Dyck et forment pendant.

1152 — Henri Florent. Laurin, d'ap. Diepenbeke. In-4, marge.

1153 — Charles de Longueval, comte de Buquoy. In-4, ra e.

1154 — Albert, duc de Fritland, comte de Wallenstein, d'ap Van Dyck. *Mart. van den Enden.* 1er état.

1155 **Kauffmann** (Angélica). Jo. Winckelmann ; Roma, 1754.—Son mausolée, avant la lettre, d'ap. Oeser 2 p.

1156 **Kilian** (Lucas). Henri-Frédéric, prince de Nassau. — Christophe Schwaiger, d'ap. Van Ach.
  Ces deux portraits sont in-4.

1157 **Lalive de Jully**. Lalive de Bellegarde (Louis-Denis), son père. Petit in-fol , d'ap. Rigaud. Eau-forte, rare,

1158 **Landry** (P.), 1663. J. P. Sapieha, comte de Buchow, seigneur de Sapiezyn, grand-duc de Lithuanie, etc. In-fol., superbe.

1159 **Larmessin** (N. de). L. de Crevant, duc d'Humières, de Mouchy, etc. In-4, remargé.

1160 — Laurent Coster, inventeur de l'imprimerie vers 1440.

1161 **Lasne** (Michel). R. P. Etienne Binet, jésuite. In-4, marge.

1162 — Pierre Habert, évêque, aumônier de Gaston d'Orléans. In-4, dans un entourage d'ornements, marge.

1163 —Jodelet? avant toute lettre et les vers : *Si vous ne me donnez de quoi m'enfariner*. In-4.

1164 — Isaac de Laffemas, maître des requestes, dans un entourage orné. In-4, marge.

1165 — Cardinal de Larochefoucauld, dans un cadre orné. In-4, marge.

1166 — Antoine de Lomenie, secrétaire d'État. In-4, marge. Ces portraits sont tous du plus bel état.

1167 **Laugier**. S. A. R. la duchesse d'Orléans, qui fut reine des Français. Ép. avant toute lettre, sur Chine.

1168 **Lefèvre**. S. A. R. Mme la duchesse d'Orléans tenant dans ses bras le comte de Paris. Ép. avant toute lettre, sur Chine, toute marge, d'ap. Winterhalter, grand in-fol.

1169 **Leisnier**. Marc-Antoine Raimondi, d'ap. Raphaël.

1170 **Lenfant**. Lemaître de Ferrière, *ad vivum*, 1662. In-fol.

1171 **Le Pautre**, *in et sculp.*, 1684. Louis XIV, en costume d'empereur romain, tenant un plan de fortifications. In-4.

1172 **Lépicié**. Louis de Boullongne, peintre, d'ap. Rigaud.

1173 **Le Roy**. Petrus Hallé, professeur royal, d'ap. Colombele, in-4, non décrit Lelong. Sup. ép., marge.

1174 **Lignon**. Talma., d'ap. Picot. Ép. avant la lettre, Chine.

1175 **Lingée** (Mme). J. B. Cottereau, procureur au Châtelet, d'ap. Cochin. In-8, marge.

1176 **Livius**. Ephraim Bonus, médecin, à mi-corps. Petit in-fol.

1177 — Jacob Gouter, musicien célèbre anglais. Grand in-4, marge.

1178 **Loir** (A.). Louis XIII, médaille, d'ap. Benoist. In-8, remargé.

1179 **Longhi** (G.), *designe et incise*, 1812. Napoléon avec la couronne de fer. Rare, in-4.

1180 **Louis** (Aristide), 1841. Napoléon, d'ap. Paul Delaroche. Ép. sur Chine, toute marge.

1181 **Lubin** (Jacques). Claude Ballin, orfèvre.
— François Combesis, dominiquin.
— Jean de Launoi, docteur de la maison de Navarre.
— Pierre du Puy, garde de la bibliothèque du roy.
— Ant. Godeau, évêque de Vence, académicien.
— François de la Mothe le Vayer, académicien.
— Papire Masson, historien.
— J. F. Sarrasin, poëte français.
Pourront être divisés.

1182 **Marcuard** (Robert). Francis Bartolozzi, graveur, d'ap. Reynolds. Petit in-fol. ovale en couleur. Superbe.

1183 **Mariage** (J. Donatien). Le Ray de Chaumont, ancien intendant des Invalides, né à Nantes, 1725. In-4, très-rare.

1184 **Masson** (A.). Marie de Lorraine, duchesse de Guise, princesse de Joinville. R. D. 32.

1185 — Marin Cureau de La Chambre, médecin ordinaire du roi, académicien. 1er état. R. D. 24.

1186 **Matham** (Th.). Gerardus Vossius, philosophe, d'ap. Sandrart.

1187 **Mellan**. Anna Hue de La Brosse, épouse de J. Habert. In-4, toute marge.

1188 —Henri Blacuodeus, médecin professeur. In-8, marge.
—Saint Luc, patron des peintres, d'ap. Vouet. In-8. Deux pièces.

1189 **Menut-Alophe.** Mme Doche, célèbre actrice, en burnous, à mi-corps. Très-rare ép. avant toute lettre, in-fol.

1190 **Mercuri** (Paul), 1841. Le Tasse. Petit portrait très-rare, avant la lettre. Chine.

1191 **Miger**. N. M. Quinette, député de l'Aisne. In-4, rare, marge. Col. Laterrade.

1192 Moncornet (B.). J. P. Camus, évêque de Belley.
— Désiré Erasme de Rotterdam.
— Michel Particelli, contrôleur des finances.
— Louis de Rohan, prince de Guémené, comte de Montauban, etc. Remargé.
— Charles E. de Savoie, duc de Nemours, etc.
Ces portraits ont de la marge, pourront être divisés.

1193 Muller (J. G.). Louis Galloche, peintre, d'ap. Tocqué. In-fol.

1194 — L. E. Vigée ; Mme Le Brun, d'ap. elle-même. In-fol.

1195 Muller (H. C.). J. Laffitte, d'ap. H. Scheffer. In-fol. Chine.

1196 Nanteuil (R.). Son portrait. In-8, par Romanet, d'ap. lui-même.

1197 — Godefroy Maurice de La Tour d'Auvergne, duc de Bouillon. Sup. ép., sans marge, mais avant la planche coupée. R. D. 50.

1198 — P. du Cambout, cardinal de Coislin. 1er état, 1658. R. D. 51.

1199 — P. Lallemant, chancelier de l'Université. R. D. 117. Marge.

1200 — Hugues de Lionne, secrétaire d'Etat. 1er état, avec l'inscription, qui fut enlevée. R. D. 146. Marge. Col. Debois.

1201 — Jean Loret, poëte normand, avant la virgule. R. D 150.

1202 — Michel de Marolles, abbé de Villeloing, célèbre amateur d'estampes. R. D. 171. 1er état. Cab. R. Duménil.

1203 — Jules Mazarin, cardinal. R. D. 180, avec vignettes, la Mort de Louis XIII, Bataille de Rethel et Siége d'Arras. Ses petits sujets sont regardés pour être de Lepautre. Col. Debois, 1er état.

1204 — Gilles Ménage, homme de lettres. R. D. 188, 1er état.

1205 **Noel** (Léon). Général Changarnier, d'ap. Scheffer. Grand in-fol. Chine.

1206 — Isabelle II, reine d'Espagne, d'ap. Vincent Lopez, 1842. Grand in-fol., Chine, avant la lettre.

1207 — Mme Sontag, d'ap. Winterhalter. Ovale grand in-fol., Chine.

1208 **Nolin** (J. B.). P. Claude Fran. Ménestrier, jésuite; au bas une prédiction. Petit in-fol. Simon *ad vivum*. Rare.

1209 **Pannier**. Louis d'Orléans, duc de Nemours, d'ap. Winterhalter. Ép. sur Chine, grand papier.

1210 **Passe** (C. de). André Doria de Gênes. In-8, sup.

1211 **Perrier** (F.). Simon Vouet, peintre. Eau-forte, grande marge, petit in-fol.

1212 **Pesne** (J.). François Langlois, natif de Chartres, libraire et marchand de tailles-douces, à Paris, excellent joueur de musette. R. D. 97. Ép. avant la lettre, le texte du bas est à l'encre.

1213 **Petit** *filius*, 1755. Dom Fernando II, — Fernando III, ducs de Bragance. 2 p. petit in-fol., marg.

1214 **Picart** (B.). Hortense Mancini, duchesse de Mazarin. In-8, rare.

1215 — Étienne Picart le Romain, à vingt-cinq ans, d'ap. Velu, à Rome, père de B. Picart. In-4, extrêmement rare. (On dit qu'il manque à la Bibliothèque.)

1216 — F. Pogge, poëte florentin. In-4.

1217 — Jean Trocznov, dit Ziska, chef des Hussites. In 4.

1218 — Roger de Piles, amateur des arts. Eau-forte, 1704. In-fol.

1219 **Pitau** (N.), 1669. Alexandre Petau, fils de Paul. In-fol., d'ap. Lefèvre.

1220 — Charles Wrangel. In-fol avant les armes et les inscriptions dans la tablette.

1221 **Poilly** (N. de). Michel de Marolles. In-4.

1222 — J. B. Morin, médecin. In-4, marge.

1223 **Poilly** (F. de). Religieux dominicain, armoiries, deux
crosses en sautoir sur un champ fleurdelisé. In-4 avant
la lettre.

1224 **Pollet**. Napoléon III,—l'impératrice Eugénie, 2 port.
in-8, d'ap, Winterhalter. Ép. Chine, grande marge.

1225 **Pontius** (P.). Jean, Comte de Nassau. In-4, d'ap.
Van Dyck.

1226 — Henri Steenwyck, peintre et architecte, d'ap. Van
Dyck.

1227 **Porporati**. Sa fille, vêtue à l'antique, d'ap. Mme Vigée
Le Brun, Ovale in-4, manière du crayon, très-rare.

1228 **Prudhomme**. Louis-Philippe Ier, roi des Français,
en pied, d'ap. Winterhalter.

1229 **Reynolds** (S. W.). Napoléon à Sainte-Hélène, en
pied, d'ap. H. Vernet. Manière noire, petit in-fol.

1230 — De Béranger, in-4, d'ap. A. Scheffer. Ép. d'artiste
avant la lettre.

1231 — Le même, avec la lettre.

1232 **Rousselet** (Eg.). Les Arts présentant à la Religion
le portrait du cardinal de Retz, d'ap. C. Le Brun. In-
fol, en travers. Rare.

1233 **Rugendas** (G. P. et J. Lorenz). Mme Elisabeth, comtesse de Beveley, d'ap. Rainoldus. Manière noire, petit
in-fol.

1234 **Rymsdyk**. 1767. Frédéric Henri, prince d'Orange, et
son épouse, en pied, d'ap. Jordaens. Ép. d'artiste avant
toute lettre, grand in-fol.

1235 **Sadeler** (Gilles). Lucrèce Borgia, dite la Dame au
nègre.

1236 — Allégorie : Spranger, peintre, et sa femme entourée
des emblèmes de la Mort. In-fol. en travers.

1237 **Saftleven** (Hermann). Son portrait à l'eau-forte. In-4°.
1660. Grande marge.

1238 **Saint-Aubin** (Aug. de). Henri IV et la famille d'Orléans, Gaston, sa femme, Philippe, Louis, Louis-Philippe le Gros, Louis-Philippe-Joseph, sa femme et leurs quatre enfants. Réunion de douze médaillons entourés de fleurs, lauriers, etc. In-4°. Rare.

1239 — Famille Renouard ad vivum. An ix (1800). Cinq portraits profil sur la même planche. In-4°. Rare.

1240 — Louis-Philippe d'Orléans, amateur de médailles. In-4° d'après Cochin. Grande marge.

1241 **Sandrart** (J.). L'Arioste, d'après Titien. In-4°. Remargé.

1242 — J. Michel Dilherus. In-4°, d'apr. Verenfels.

1243 — Comte Joachim-Ernest. In-4° d'apr. Dietrich.

1244 **Savart** (P.). Jean Labruyère. In-8.

1245 **Schiavonetti.** Caroline, princesse de Galles, d'après Tulkan. Médaillon entouré de roses, lettre grise. In-4°.

1246 **Schmidt** (G.-F.) ad vivum. Saint-Pétersbourg, 1760. Pierre, comte de Schuwalow, etc. In-4°.

1247 **Schmutzer** (J.). Ch.-Guill.-Ernest Dietricy, d'après lui-même, dessinant. In-fol. Sup épr. Marge.

1248 — Le C. Jacques Durazzo, ambassadeur impérial à Venise. In-fol., d'apr. Maytens.

1249 **Schuppen** (P. Van). Cath. Germain, veuve de Simon Berthelot, commissaire des poudres en Picardie, Artois, etc. Grand in-4°. Sup. épr. Marge.

1250 — Jérôme Bignon, avocat-général au Parlement. Sup. épr. in-4° avant toute lettre. Marge.

1251 — Le même. Avec la lettre. Marge.

1252 — Armande Henriette de Lorraine, coadjutrice de l'abbaye de Notre-Dame de Soissons. In-4°. Sup. épr. Marge.

1253 — Anne de Courtenay, dame de Rosny et de Boutin. In-4°.

1254 — Louis XIV. Premier état avant les devises dans les coins et avant l'année 1667. In-fol.

1255 — Gaspard Thaumasius, Thaumaserius, avocat. In-4º. Marge, superbe.

1256 — Messire Louis de Pontis, d'après Champagne. In-8.

1257 **Simonneau** (Charles). Jean-Paul Bignon, abbé de Saint-Quentin, d'apr. Rigault, 1694. In-4. Sup. épr. Marge.

1258 — Henriette-Marie de France, épouse de Charles Iᵉʳ, d'apr Vander Werff. In-4º. Sup. épr. Marge.

1259 **Sixdeniers.** Toullier, doyen de la Faculté de droit de Rennes, et auteur du Droit civil. In-fol., d'apr. Dupavillon. Avant toute lettre.

1260 — Le même. Avec la lettre.

1261 **Skelton** (W.). J.-F. Lamarche, évêque et comte de Léon, en pied. Grand in-fol., d'apr. Danloux. Lettre grise.

1262 **Smith** (J.). John Lambert, peintre, d'apr. lui-même. Manière noire. Petit in-fol.

1263 **Sompel** (P. Van). Ferdinand Iᵉʳ, frère de Charles V.

1264 — Mathias Iᵉʳ, frère de Rodolphe II.

1265 — Maximilien II, fils de Ferdinand Iᵉʳ.
   Ces trois portraits in-fol , d'apr. Soutman, dans des entourages d'Amours, etc. Marge.

1266 **Stock** (André). P. Snayers, peintre, d'apr. Van Dyck.

1267 **Suyderhoef** (J.). Henriette-Marie, reine de la Grande-Bretagne, d'apr. Van Dyck. In-fol. entouré de fleurs et fruits. Marge.

1268 — Albert Kyperus, médecin. Grand in-4º. Marge superbe.

1269 **Tardieu** (Alexandre). An VII. Paul Barras en pied. In-fol., d'apr. Ledru. Lettre grise. Tout marge.

1270 — Mᵐᵉ Deshoulières. In-8. Avant toute lettre.

1271 **Thevenin.** Pie IX, papᵉ, avec fac-simile. 1854. In-fol. Chine.

1272 **Trouvain.** Cinq ambassadeurs turcs, avec l'interprète, dans une loge de théâtre. Epoque Louis XIV.
In-4° remargé.

1273 **Vaillant** (V.). Le prince Rupert ou Robert, palatin
du Rhin, neveu de Charles Ier d'Angleterre, regardé
pour l'inventeur du procédé de gravure à la manière
noire. Copie contre-partie du portrait gravé par le
prince même, qui est de la dernière rareté.

1274 **Velde** (J.-V. de). Gratianus Cornely, théologien. —
Laurent Coster, inventeur de l'imprimerie vers 1440.
2 pièces.

1275 **Vérité.** Beaulieu, acteur. In-4° d'apr. Beauzil. Rare.

1276 **Vigneron,** 1830. Melling. Portrait à mi-corps. In-
fol. en travers. Sup. épr avant la lettre.

1277 **Visscher** (C.). Sa mère. Des cabinets *P. Mariette*,
1670, et *Revil.* Sup. épr. avant la lettre.

1278 — Gellius de Bouma, ecclésiastique, un des plus beaux
portraits dit les *Grandes Barbes.*

1279 — Vondel, célèbre poëte hollandais. Epr. avant la
lettre, avec la tablette en bas et la figure de la Foi, et
avant la tête de Satyre, à la place du nom de Visscher.
Sup. épr. Marge.

1280 — Le même, avec la lettre, la tête de Satyre et HOR, etc.,
sur la feuille de papier. Marge.

1281 **Vogel** (Bernard). Ch.-Car., marquise de Brandebourg,
née de Wurtemberg, d'apr. Kuperski. In-fol. 1737.

1282 — J. Melchior Dinglinger, d'apr. Kuperski. In-fol.
remargé.

1283 **Vorst** (Robert Van). Son portrait, d'apr. Van Dyck.

1284 — Charles Ier et sa femme, Henriette, lui donnant une
couronne de lauriers, à mi-corps. Grand in-fol. en travers. 1634.

1285 **Vorsterman** (L.). Charles de Bourbon, connétable,
d'apr. Titien. Petit in-fol. Cabinet Debois.

1286 — Thomas Howard, duc de Norfolk, d'apr. Holbein.

1287 — Claude Maugis, célèbre amateur d'estampes, d'apr. Champagne. In-4º. Sup. épr. remargée.

1288 — Judocus de Momper, peintre, d'apr. Van Dyck.

1289 — Ambroise Spinola, d'apr. Van Dyck.

1290 **Watson** (Caroline). Le prince Serge, la princesse Barbara Gagarin et leur fils. In-4º, d'apr. Reynolds.

1291 — Benjamin West, peintre. In-4º d'apr. Gabr. Stuart.

1292 **Weisbrod**. Jeannot dans : Les battus payent l'amende (Volanges), en pied, d'apr. Wille fils. In-fol. Toute marge.

1293 **Wierix** (J.). Michel de L'Hôpital, chancelier. Grand in-4º dans un encadrement d'architecture.

1294 — Catherine de Médicis, épouse de Henri II et mère de François, Charles et Henri. Vigoureuse épr. d'un portrait très-rare qui se trouve généralement faible.

1295 — Marie Stuart couronnée par deux anges. Dans les coins du bas, deux scènes de son supplice ; au bas, deux dixains latins.

1296 **Young** (John). David Wilkie, peintre, d'apr. Beechey. Manière noire. In-fol. Marge.

DESSINS

ANCIENS & MODERNES

1297 BACCIO BANDINELLI. Groupe de figures avec beaucoup de petits enfants. A la plume.

1298 BOUCHER (François). Étude pour le Réveil. Charmant dessin aux crayons noir et blanc sur papier gris.

1299 — Femme nue couchée tenant une rose. Très-beau dessin au crayon noir rehaussé de blanc sur papier gris glomisé.

1300 — Femme nue dormant. Très-beau dessin gracieux, crayon noir, sur papier bleuâtre, dans le goût de Boucher.

1301 BOURGEOIS. Monte Cavallo. — Sestieri san Giovani e Paolo a Venise, etc. Trois dessins au bistre, et paysage au crayon noir. 4 p.

1302 CANOVA. Gladiateur antique. A la plume. Signé *Antonio Canova, 8 novembre 95, n° 17.*

1303 CHARLET. Mendiant aveugle jouant de la mandoline et son enfant. Petit dessin à la sépia.

1304 CHATELET. Petite vue d'une partie du théâtre de Syracuse. Aquarelle.

1305 COIGNET. Lac Combal et glacier de l'Allée-Blanche — Lac Combal et glacier de Miage. Deux aquarelles d'après lesquelles ont été gravées les mêmes vues pour le voyage dans la vallée de Chamouny. Catalogue de la vente de La Jariette, 381 bis.

1306 COPLEY FIELDING, 1824. Vue d'un tombeau antique dit le Tombeau d'Archimède. Aquarelle d'après laquelle on a gravé la même vue pour le voyage de Sicile. n° 385. Catalogue de la vente de La Jariette.

1307 COYPEL (Antoine). Io sur des nuages. Très-beau dessin aux trois crayons sur papier brun.

1308 DAGNAN, né à Marseille. La tour de Pirmil, à Nantes. A la plume.

1309 DEVERIA (Achille). Son portrait tenant un crayon, lithog. par lui-même. Très-rare épr. chine. Au bas : *Donné par Devéria.*

1310 — Dessins à la sépia faits avec autant de goût que de soin pour la Bible de Lefèvre. 16 p. in-8 sur *Bristol.*
— Deux dessins : Adoration des bergers et Fuite en Égypte, qui ont été refusés pour la Bible. 18 p. Pourront être divisés.

1311 DOOMER. Vue près de Nantes, sur la Loire. Aquarelle.

1312 DUFLOS (Cl.). Académies d'hommes debout et assis. 2 p. Sanguine. 1724 et 1726.

1313 DUNOUY. Fabrique à Tivoli. A l'encre de Chine.

1314 DUSART (Corn.), 1686. Joueur de violon et Joueur de flûte. Aquarelle.

1315 GRAVE (J.-E.). Beau paysage aux environs de Harlem. A l'encre de Chine.

1316 — L'Auberge de l'Homme-Savant, près Harlem. A l'encre de Chine.

1317 GREUZE (J.-B.). La leçon de tricot. Sup. dessin à la plume, largement lavé de bistre et d'encre de Chine.

1318 HANSAN (C.-L.). Paysage, près Harlem, avec la ruine du château de Brederode. A l'encre de Chine. Effet de soleil.

1319 HUE (François). Paysage au dessinateur. A l'encre de Chine.

1320 HUET (J.-B.). Jeune bergère se sauvant des poursuites de l'Amour. — Jeune fille poussée par l'Amour à faire voltiger des papillons. Deux charmantes aquarelles très-gracieuses et de la plus grande fraîcheur.

1321 LAMBERT. Sauvage tatoué faisant le geste d'indiquer de la main droite. Fond de paysage à l'encre de Chine bistrée.

1322 LE PAON. Camp militaire au bord d'une rivière; à droite, une cantine. Gouache.

1323 LORY (Gabriel). Vue d'un pont et route sous une montagne en Suisse. Sépia.

1324 LUTTRINGSHAUSEN (H.). Vue de Brieg. — Vue de Genève. Deux superbes aquarelles qui furent gravées pour la Description du cours du Rhône. Vente de La Jariette, nº 382.

1325 MELLING. Son portrait. Lithog. par Vigneron. 1830.

1326 — Maison où Henri IV a été nourri, à Bilhera.
  — La vallée d'Argelès. — Saint-Sauveur.
  — Etablissement thermal de la Raillère, près Cautretz.
  — Pont de Lartigue, près de Sia. — Bagnère-de-Bigorre.
  — Bains de Salut, près de Bagnère-de-Bigorre.
  — Château de Coniza sur l'Aude (château de Guise).

— La forge de Quillan (départ. de l'Aude).

— Ruines d'un ancien couvent, près St-Martin-de-Lys.

Ces onze dessins à la sépia sont les originaux du Voyage pittoresque dans les Pyrénées. Même dimension que les gravures. Pourront être divisés.

1327 MOITTE (A.), 1786. Intérieur de parc avec jeu de bagues. — Pressoir d'une grande force mû par des hommes. Deux très-beaux dessins au bistre.

1328 MOZIN. Château-Chilon, sur le lac. Aquarelle pour la description du cours du Rhône.

1329 NUMAN (H.). Deux cavaliers jouant au trictrac, un avec une femme; un autre fume sa pipe devant la cheminée. Jolie aquarelle.

1330 PICOU (Henri). Environs de Nantes : vue prise du chemin de Versailles, près de Barbin. Paysage d'une belle perspective et d'un aspect riant à la sépia.

1331 PORTAIL (Jacques-André). Jeune et jolie dame feuilletant un livre avec son mari. Charmant dessin aux crayons noir et rouge. Provient de la collection du baron de Silvestre. 1851.

1332 RUBERTO (F.). Le Marchand de figues de Naples. Aquarelle.

1333 SABLET (Jacob). Vue du bord du Tibre.

— Vue du lac de Nemi.

— Vue d'une grotte et d'un temple antique, près de Rome.

— Vue de la route de Naples, près Genzane.

— Vue du pont Emola, près de Rome.

— Vue du Tibre, près de Ripa Grande, à Rome.

— Villa Madame.

— Vue prise près de Chambéry, en Savoie.

— La Cascade. — L'Orage. — Le Lever du soleil.

En tout onze dessins lavés à l'encre et rehaussés de blanc sur papier bleu.

1334. SWEBACK (Jacques). Desfontaines. Charge de hussards. A l'encre de Chine. Dessin rond.

1335 TURPIN DE CRISSÉ (Lancelot-Théodore, comte de). Pêcheurs napolitains. — Fabriques. — Ruines. Quatre dessins à la sépia pour les souvenirs du golfe de Naples. 1808, 1818 et 1824. Ouvrage gravé.

1336 VALERIO. 1838. Le Fumeur. Mine de plomb rehaussée de blanc.—L'Aveugle. Mine de plomb rehaussée de coul..

1337 VANLOO (Carle), 1743. Jeune seigneur assis. Dessin terminé, crayon noir, rehaussé de blanc.

1338 WATELET. Hangar couvert de paille avec trois petites figures. Crayon lavé de bistre.

1339 DIVERS. Paysages, sujets, têtes, etc. A l'encre de Chine, au bistre, crayon, etc. 8 dessins.

1340 — Sujets italiens. 3 dessins et aquarelle.

1341 — Paysages, statues, sujets divers. 17 dessins.

1342 — Vue du village de Winamplanche. — Bains et Fontaines du Tonnelet. — Bains de Chaud-Fontaines : ces vues sont près de Spa. Trois dessins ronds, très-fins, à l'encre de Chine, sur vélin.

1343 — Montagne entre Spa et Liége ; au revers, costumes, charges, goût de C. Vernet. — Hadolphsreck, près de Schwœlbach. — Porte du château de Honhenstein, côté du sud. — Moulin de Theux. Quatre dessins à la plume, sépia, aquarelle.

1344 ECOLE FRANÇAISE. Homme assis, coiffé d'un chapeau et tenant une palette. Crayon noir rehaus. de blanc.

1345 ECOLE HOLLANDAISE. Effet d'hiver. — Coucher du soleil. Deux grandes et belles aquarelles.

1346 — Vues du royaume des Pays-Bas. Onze dessins originaux de divers lieux. Aquarelles dans son portefeuille.

Renou et Maulde, imprimeurs de la Compagnie des Commissaires-Priseurs, rue de Rivoli, 144.

RENOU ET MAULDE

IMPRIMEURS DE LA COMPAGNIE DES COMMISSAIRES-PRISEURS

Rue de Rivoli, 144.